Aino Simon

Liebe lieber einzigartig

Aino Simon

LIEBE LIEBER EINZIG-ARTIG

Finde das Beziehungsglück,
das zu dir passt

GOLDEGG
VERLAG

Bildrechte Autorenfoto: Matthias Erfurt
Bildrechte Umschlag: Kathrin Steigerwald, Hamburg

Der Verlag und seine Autoren sind für Reaktionen, Hinweise oder Meinungen dankbar. Bitte wenden Sie sich diesbezüglich an verlag@goldegg-verlag.com.

Der Goldegg Verlag achtet bei seinen Büchern und Magazinen auf nachhaltiges Produzieren. Goldegg Bücher sind umweltfreundlich produziert und orientieren sich in Materialien, Herstellungsorten, Arbeitsbedingungen und Produktionsformen an den Bedürfnissen von Gesellschaft und Umwelt.

ISBN: 978-3-99060-241-6

Unter den Linden 21 • D-10117 Berlin
Telefon: +49 800 505 43 76-0

Goldegg Verlag GmbH, Österreich
Mommsengasse 4/2 • A-1040 Wien
Telefon: +43 1 505 43 76-0

E-Mail: office@goldegg-verlag.com
www.goldegg-verlag.com

Layout, Satz und Herstellung: Goldegg Verlag GmbH, Wien
Printed in the EU

Wer die Liebe meistert, meistert das Leben.

Inhaltsverzeichnis

Geleitwort von Veit Lindau

Es mag auf den ersten Blick paradox erscheinen, dass gerade ich ein Vorwort zu diesem Buch schreibe. Aino Simon gilt im deutschsprachigen Raum als eine *der* Expertinnen für Polyamorie (meines Erachtens absolut zu Recht), und ich lebe seit mittlerweile 25 Jahren in einer strikt monogamen Beziehung. Doch es ist nur scheinbar ein Widerspruch, denn im Kern geht es in Ainos Arbeit nicht um den einen richtigen Weg, sondern um die Erforschung, Befreiung und Erfüllung unserer einzigartigen Sexualität. Genauso wenig, wie eine bewusst gewählte Monogamie ein Gefängnis ist, ist ein offenes Beziehungsmodell mit »wildem Herumgevögel« gleichzusetzen. Beide Wege und alle Schattierungen dazwischen setzen eine ehrliche und tiefgründige Auseinandersetzung mit den eigenen Bedürfnissen, dem Sinn unseres Lebens und ein hohes Verantwortungsbewusstsein voraus.

Ich achte Aino für die Konsequenz und Achtsamkeit, mit der sie in ihrer Arbeit und mit diesem Buch Räume öffnet, in denen wir innehalten können, um infrage zu stellen, was uns über Sexualität beigebracht wurde, um anzuerkennen, wie wenig die meisten von uns über dieses so zentrale Thema ihres Lebens wissen, und um den Mut zu finden zu erforschen, was wir wirklich wollen und brauchen, um dann – das ist für mich die Königskunst – vertrauensvolle Beziehungsfelder zu kreieren, in denen alle Beteiligten Heilung und Erfüllung erfahren können.

Ich möchte dir, liebe Leserin und lieber Leser, zu deiner Wahl gratulieren und dir Mut machen, die Chance zu nutzen, um dich ehrlich und sanft mit all den offenen Fragen zu konfrontieren, die dich zu diesem Thema bewegen. Es gibt drei große Quellen unseres Selbstwerts: spirituelle Selbsterkenntnis, unsere Arbeit und unsere Sexualität. Für unsere Selbstachtung und unser Glück ist es essenziell, dass wir unsere eigene sexuelle Identität erfahren und leben.

Auf den ersten oberflächlichen Blick sieht es so aus, als wenn unsere Gesellschaft sehr freizügig mit dem Thema umgehen würde. Im Fernsehen, in Zeitungen und in sozialen Medien dreht sich viel um nackte Körper und Sex. Doch die Wahrheit ist, dass wir (bis auf wenige Ausnahmen) keine adäquate Initiation und Bildung in der Kunst der sexuellen Erfüllung erfahren. Wir stolpern halb unbewusst in das Terrain, und es wird von uns erwartet, dass wir das schon alles irgendwie instinktiv erlernen. Doch das ist, als wenn ich dir unvorbereitet eine Stradivari in die Hand drücken und von dir erwarten würde, dass du mir ein Konzert von Mozart darauf spielst. Dein Körper und deine Psyche sind wesentlich komplexer als eine Geige. Du bist ein Wunder und du hast ein Recht auf Freude auf allen Ebenen, auch auf der sinnlich-erotischen.

Wie viele Paare eröffnen voller Hoffnung, heiß verknallt, eine Liebesbeziehung, um Monate oder Jahre später in den altbekannten, traurigen Sackgassen zu landen: unbefriedigender Sex, nicht ausgesprochene Wünsche, Zerrissenheit zwischen den Bedürfnissen nach Nähe und Freiheit, ein Einschlafen des Eros, Lügen, Fremdgehen. Das alles muss nicht so sein! Für jeden Menschen existiert ein einzigartiger Pfad der erotischen Erfüllung. Ich nenne ihn in meiner Arbeit »würdevolle Sexualität«.

Aino legt auf eine ruhige, stärkende Art den Finger an die Wunde und öffnet sie, damit sie heilen kann. Dieses Buch ist eine Schatztruhe an wertvollen Fragen und Perspektiven, egal, ob du eher zu Monogamie oder einem offenen Beziehungsmodell tendierst. Lass dich überraschen. Betritt das Land deiner Sexualität ehrlich und schau, wo du herauskommst. Auch wenn der Weg manchmal herausfordernd ist, weil er uns mit Verlustangst, Scham und Kontrollverlust konfrontiert – er lohnt sich. Denn wir sind nicht hier, um sicher durchzukommen, sondern um Freude und Ekstase zu erfahren und miteinander zu teilen.

Liebe Aino, ich danke dir jetzt schon im Namen aller Menschen und Beziehungen, die mithilfe dieses Buches zu mehr Freiheit, Erfüllung und Würde gelangen.

Veit Lindau

Was geschieht, wenn du einzigartig liebst

Katja und Martin sind ein Traumpaar. Das waren sie zumindest einmal. Katja ist 46 Jahre alt und seit 22 Jahren mit Martin verheiratet. Die beiden Kinder sind mit 14 und 19 Jahren bereits selbstständig. Katja arbeitet als Büroassistentin in einer Anwaltskanzlei, ihr Mann ist Vertriebsleiter in einer großen Firma und viele Wochen im Jahr beruflich unterwegs. In der Nachbarschaft sind die beiden sehr beliebt. Martin engagiert sich im Gemeinderat. Auch wenn die Arbeit den Großteil seiner Zeit beansprucht, fühlt er sich der Heimat eng verbunden. »Wir sind für unser Gemeinwesen verantwortlich, Katja.« Katja bewundert ihren Mann dafür, dass jeder ihn mag und um Rat fragt, dass er so starke Prinzipien hat. Er ist ein aufrichtiger, loyaler und treuer Mensch. Katja vertraut Martin hundertprozentig. Sie lässt ihm alle Freiheiten. Sie glaubt fest, dass sie sich niemals Sorgen um ihre Ehe machen muss.

Mit den Kindern ist Katja meistens allein. An den Wochenenden verbringt die Familie immer wieder einen Nachmittag gemeinsam, macht Ausflüge und besucht regelmäßig die Schwiegereltern. Katja ist glücklich – eigentlich. Wäre da nicht dieses unterschwellige Gefühl. Katja kann sich nicht erinnern, wann sie es zum ersten Mal wahrgenommen hat. Es hat sich irgendwann eingeschlichen. Ein flaues Gefühl in der Magengegend. Aber warum? Sie hat ein Bilderbuch-Zuhause und eine Familie, um die sie alle beneiden. Woher kommt diese Unzufriedenheit? Oder ist es Traurigkeit? Aber worüber sollte sie denn traurig sein?

Katja gibt sich – wie so oft – einen Ruck. Niemals lässt sie sich gehen. Niemals würde man sie ungeschminkt oder in alten Klamotten auf der Straße sehen. Katja hat eigentlich alles, was sie sich wünschen könnte, und fühlt sich trotzdem müde und unerfüllt. Das ärgert sie. »Reiß dich zusammen«, ermahnt sich Katja immer wieder selbst. Aber eines Morgens, als sie auf dem Marktplatz ihrer Heimatstadt in einem kleinen Café auf ihre Freundin Monika wartet, ist er plötzlich da, dieser Gedanke, der bereits seit einiger Zeit in ihrem Kopf herumschleicht: War das jetzt alles? Soll so mein Leben laufen? Bis ich alt bin und sterbe?

Als Monika endlich neben ihr im Café sitzt, ist Katja den Tränen nahe. »Ich müsste glücklich sein, aber ich bin es nicht!«, stammelt sie. »Mein Leben verläuft in immer gleichen Bahnen. Wann habe ich das letzte Mal richtig herzhaft gelacht? Und wann wurde ich zuletzt wirklich von einem Mann begehrt?«

Monika versucht zu trösten: »Aber Martin trägt dich doch auf Händen!« Katja zögert. »Schon, aber seit einiger Zeit haben wir keinen Sex, mehr und ich glaube, wir sind beide irgendwie unzufrieden. Ich denke die ganze Zeit, dass wir Urlaub brauchen, aber der letzte Urlaub hat nicht wirklich etwas verändert. Wo ist es nur hin, unser Glück?« Monika ist ratlos. Die beiden Frauen bestellen Sekt und Monika sagt: »Schluss mit Trübsalblasen. Heute gehen wir shoppen!«

Tatsächlich gelingt es Katja, ihre trüben Gedanken für eine Weile zu vergessen. Sie meldet sich zu einem neuen Sportkurs an, geht halbtags in die Kanzlei und organisiert alles, was rund um Haus und Familie ansteht. Martin ist in dieser Zeit besonders beschäftigt. Aber immerhin planen sie jetzt eine gemeinsame Reise für den nächsten Sommer. Katja würde gerne einmal mit Martin reden. Und so wie früher mehr Zeit mit ihm verbringen. Sie kennt ihren Mann eigentlich in- und auswendig, aber irgendetwas ist seltsam. Was ist los bei ihm? Was will er eigentlich? Doch wie ihre grauen Gedanken verjagt sie diesen Wunsch und verschiebt ihr Bedürfnis auf später.

An einem Samstagvormittag im Mai geschieht das Unfassbare. Martin ist seit Tagen kaum ansprechbar, und nachdem Katja ihn nun zum wiederholten Mal fragt, was denn bei ihm los sei, macht Martin reinen Tisch: Verliebt habe er sich. In die junge Kollegin Tanja. Sie wolle Kinder mit ihm und er müsse nun zu ihr stehen.

Katja ist schockiert. Er muss zu seiner Kollegin stehen? Was ist mit Katja und den Kindern? Wie kann er so plötzlich seine Loyalität aufgeben? Was hat sie nicht alles für Martin getan! Was hatten sie sich nicht alles aufgebaut in den Jahren harter Arbeit! Jetzt, wo die Kinder bald aus dem Haus sind, kann endlich wieder Raum für sie beide sein – und jetzt das?

Katja handelt wie ferngesteuert: »Dann musst du jetzt ausziehen. Sofort.« Eiskalt wirkt sie äußerlich, innerlich tobt ein Feuer. Als Martin gegangen ist, übergibt sie sich auf der Toilette. Alles dreht sich. Der Schwindel lässt nur langsam nach. Katja ist im Ausnahmezustand. Sie hat das Gefühl, dass sie sterben möchte. So unbarmherzig jagt der Tsunami der Gefühle über sie hinweg und droht alles zu zerstören.

Ähnlich wie Katja und Martin ergeht es vielen meiner Klientinnen und Klienten. Manchmal kündigt sich das Unheil an, oft kommt es aus heiterem Himmel. Es lässt die Menschen fassungslos zurück. Viele Beziehungen gehen daran zugrunde und in der Folge rutscht nicht nur die betrogene Person in eine schmerzhafte Krise, sondern auch derjenige, der fremdgegangen ist.

Seit vielen Jahren begleite ich Paare in solchen Situationen. Ich habe Methoden entwickelt, wie sich ein Betrug verarbeiten lässt, ohne dass es zwangsläufig zu einer Trennung kommen muss. Im Grunde kann man sich einen Betrug vorstellen wie einen Autounfall. Sowohl das Unfallopfer als auch der Unfallverursacher befindet sich in einem Schockzustand. Es ist ein traumatisches Ereignis für beide, das immer eine starke Gefühlsreaktion zur Folge hat. Nach einem Autounfall kommt der Krankenwagen. Ärztinnen und Ärzte versorgen den verletzten Körper, und in schlimmen Fällen folgen Krankenhausaufenthalte und Reha. Niemand würde zu dir sagen: »Mensch, deine Knochen sollten doch aber jetzt wieder heil sein. Schließlich trägst du schon zwei Wochen einen Verband.« So ähnlich kommt es mir vor, wenn die verzweifelten Betrügerinnen und Betrüger darauf hoffen, dass der verletzte Partner oder die verletzte Partnerin schnell wieder in Ordnung kommt. Es geht jedoch nicht schnell. Schon gar nicht ohne eine angemessene »Verarztung«. Ohne eine adäquate Versorgung der emotionalen Wunden wird sich der Leidensweg über Monate und Jahre hinziehen. Das ist leider normal.

Ich beschäftige mich seit über 20 Jahren mit der Frage, wie Untreue entsteht, was sie eigentlich bedeutet und wie sie sich verhindern lässt. Als Sozialwissenschaftlerin und Gestalttherapeutin weiß ich, dass nicht nur psychologische und neurobiologische Faktoren eine Rolle spielen, sondern auch gesellschaftliche Wertevorstellungen und Erwartungen an individuelles Verhalten. Dem Einzelnen erscheinen gesellschaftliche Werte als »natürlich«, und die wenigsten prüfen individuell, welcher Maßstab zu den eigenen Gefühlen und Bedürfnissen passt. Gerade im Hinblick auf die Liebe ist unser Denken erstaunlich starr und eingeschränkt. »Wer fremdgeht, ist ein schlechter Mensch. Das ist unmoralisch. Wie kannst du dafür Verständnis zeigen?«, werde ich gelegentlich gefragt. Doch wie könnte ich etwas, das bei so vielen Menschen vorkommt, einfach nur verurteilen? Eine Verurteilung bringt uns der Lösung nicht näher. Wenn wir etwas ändern wollen, dann müssen wir uns einfühlen und nachvollziehen, wodurch Konflikte in Paarbeziehungen entstehen. Wir müssen uns insbesondere fragen, wie die Neigung zum Fremdgehen hervorgerufen wird. Denn was wäre, wenn es sich hierbei um einen Normenkonflikt handeln würde, der sich auflösen ließe, wenn wir unsere Werte und Maßstäbe verändern? Was, wenn wir neue Wege finden könnten, um Untreue nachhaltig zu verhindern?

Die meisten Paarberatungsangebote geben wenig hilfreichen Rat: Du musst dich eben entscheiden, wird gesagt. Willst du Liebe oder Abenteuer? Und wenn es passiert, dann zeige Reue und hoffe auf Vergebung. Andere sagen auch: Lass dich einfach nicht erwischen! Wenn wir den Prognosen der Forschung Glauben schenken, endet jede zweite Ehe aufgrund eines Betrugs. Es handelt sich beim Fremdgehen demnach nicht um eine bittere Ausnahme, sondern fast schon um den Normalfall. Ich sehe das so wie Esther Perel, eine belgische Psychotherapeutin, die sich intensiv mit dem Bedürfnis nach Sicherheit und dem Bedürfnis nach Freiheit in Beziehungen auseinandersetzt. Sie sagt, wenn wir uns vor Augen führen, wie viel Kummer und Schmerzen ein Betrug auslöst, dass dadurch ganze Familiensysteme zusammenbrechen und Existenzen zerschellen, wäre es doch an der Zeit, dass wir neue und bessere Antworten im Umgang mit Treue und Betrug finden.

Und es gibt sie bereits: Die Paare, die einen Betrug oder eine ähnlich verletzende Krise »überleben« und dadurch sogar zu neuer Liebe und einem neuen Lebensgefühl finden. Und es gibt Paare, die mögliche Ursachen für Untreue bereits im Vorfeld aus dem Weg räumen. Was wäre, wenn es einen Weg gäbe, der Untreue unmöglich macht? Würdest du ihn kennenlernen wollen? Es ist ein aufregender und ungewöhnlicher Weg. Er ist manchmal steinig, aber auch farbenfroh und voller Überraschungen. Wenn ich sehe, wie meine Paare in der Therapie durch eine ehrliche und intensive Auseinandersetzung mit sich selbst und diesen Themen neu aufblühen, bin ich glücklich und dankbar, dass ich diese Arbeit machen darf.

Als Paartherapeutin bin ich Expertin für die Liebe. Ich helfe Menschen dabei, besser und glücklicher zu lieben – und zwar genau so, wie es ihnen entspricht. Dabei habe ich kein festes Konzept im Auge und ich verfolge auch nicht den geheimen Plan, alle Menschen zur Polyamorie zu bekehren. Aber ich möchte zeigen, wo du eine Wahl hast und wie du Einfluss auf dein Liebesglück nehmen kannst. Jeder von uns erlebt Liebe auf unterschiedliche Weise. Wir machen die ersten Liebeserfahrungen in unserem Elternhaus. Dort leben uns die Eltern vor, wie Liebe funktioniert – und natürlich prägt auch das gesamte Umfeld: Kindergarten, Schule, Medien. Ohne es zu merken oder jemals zu reflektieren, sammeln wir bestimmte Vorstellungen über die Liebe, die später unser Liebesleben prägen. Es gibt Haltungen, die für eine lebendige Beziehung förderlich oder hinderlich sind. Es gibt Vorstellungen, die zu unseren inneren Bedürfnissen passen, und es gibt welche, die überhaupt nicht passen. Wenn du verstehen willst, wie du glücklich lieben kannst, dann wird es dir helfen, wenn du dir deine eigenen Annahmen über die Liebe bewusst machst und die eine oder andere Korrektur in deinem Liebes-Mindset vornimmst.

In unserer Kultur existiert die romantische Liebe exklusiv zwischen zwei Menschen. Die Monogamie ist das Ideal, nach dem wir alle geformt sind. Bei »wahrer Liebe« denken wir an Prinz und Prinzessin. Und wenn Liebe im eigenen Leben verschwindet, weil eine Beziehung zu Ende geht, dann glauben wir oft, dass es gar keine echte Liebe war – denn diese gibt es bekanntlich nur einmal. Wenn du die Richtige oder den Richtigen gefunden hast, so wirst du dein Leben lang alles mit diesem Menschen teilen, so die Idee. Mit Betonung auf *alles*. Das meinen die meisten von uns, wenn sie von Liebe sprechen.

Liebe fällt jedoch nicht vom Himmel und bleibt nicht

ohne unser Zutun. Sie ist eine große Herausforderung. Liebe entsteht jeden Tag neu durch unsere Handlungen und geht verloren, wenn wir sie nicht pflegen. Diese simple Erkenntnis ist nicht neu – und doch beherzigen sie die wenigsten.

Auch Katja und Martin verbindet eine große Liebe. Wir werden noch sehen, woran ihre Beziehung tatsächlich beinahe gescheitert wäre. Ich will hier vorwegnehmen, dass die beiden heute ein Liebespaar sind. Das soll auch ein Trost für all jene sein, die aktuell an einem Betrug leiden oder in ihren Beziehungen unglücklich sind.

Die gute Nachricht ist: *Liebeskompetenz* kann jeder lernen. Mit Liebeskompetenz meine ich die Fähigkeit, Liebe aktiv herzustellen und zu erhalten. Das umfasst Glaubenssätze und Einstellungen, Gefühlsmuster und vor allem Handlungsmuster. Der Begriff »Liebe machen« deutet etwas Wesentliches an, nämlich: Liebe kommt von »machen«. Eine Beziehungskrise oder auch die Erfahrung von Untreue kann ein wahrer Weckruf sein für die Entdeckung unbefriedigter Bedürfnisse und unerfüllter Wünsche. Krisen können dazu führen, dass Paare ihre Liebesfähigkeiten massiv erneuern und ausbauen. Wir haben es selbst in der Hand, unsere Liebesform nach unseren wahren Bedürfnissen zu gestalten. Und niemand braucht so lange zu warten, bis ein Betrug passiert. Sobald du dich in einer Beziehung leblos oder unglücklich fühlst, ist der richtige Zeitpunkt für Veränderung gekommen.

Es gibt viel mehr Möglichkeiten, einander zu lieben, als du es dir im Augenblick vielleicht vorstellen kannst. Du selbst kannst viel dafür tun, dass deine Liebe gelingt. Lieben ist eine Fähigkeit und eine Haltung, die du bewusst entdecken und wählen kannst. Damit kann sich alles verändern: Langeweile, Frust, Lüge, Betrug und Drama – all das kannst du hinter dir lassen, wenn du dazu bereit bist.

In diesem Buch will ich dir zeigen, wie du dich in der Liebe entspannen kannst und wie du deine Liebe so gestaltest, dass sie dir und deinen Wünschen voll entspricht. Du wirst lernen, wie du die Wachstumsaufgaben deiner Partnerschaft deutlicher erkennen, effektiver Lösungen für Konflikte finden und die Fallen der Liebe besser umschiffen kannst. Ich werde auch immer wieder auf empfehlenswerte Autorinnen und Autoren hinweisen, die dir vielleicht über dieses Buch hinaus bei deiner eigenen Entwicklung hilfreich zur Seite stehen können. Alle Forscherinnen und Forscher, Praktikerinnen und Praktiker, die ich in meinen Texten erwähne, haben mir persönlich viele Einsichten und Klarheit verschafft.

Wenn du gerade unglücklich bist, wirst du hier viele Anregungen finden, wie du wieder glücklich wirst. Wenn du auf der Suche nach mehr Lebendigkeit und Abenteuer bist, dann verschafft dir dieses Buch einen Überblick über die Risiken und Nebenwirkungen deiner Abenteuerlust. Du wirst Handwerkszeug lernen, das dir auf hoher See nützliche Dienste leisten wird. Wir fangen da an, wo die meisten Beziehungen in Schwierigkeiten geraten: bei der Enttäuschung. Wir werden dann die spezifischen Eigenarten der romantischen Liebe erkunden, werden herausfinden, was du tun kannst, wenn du Untreue erlebst oder selbst untreu geworden bist. Ich werde dir zeigen, wie du Krisen in deiner Beziehung meistern kannst und warum es sich immer lohnt, um eine Beziehung zu kämpfen. Schließlich werde ich dich mit neuen Konzepten jenseits der klassischen Monogamie vertraut machen. Wir werden in das Thema der Sexpositivität eintauchen und herausfinden, wie sie deine Beziehung verändern kann. Ich werde in diesem Buch die Monogamie nicht abschaffen, denn sie bietet unschätzbare Vorteile. Aber vielleicht können wir sie behutsam weiterentwickeln und das Beste aus allen Welten miteinander kombinieren.

Die enttäuschte Liebe

Vom Unterschied zwischen Verliebtheit und Liebe und warum »echte Liebe« nicht vom Himmel fällt

Jede Beziehung gerät in Krisen, auch die allerbeste. Krisen sind normal. Wenn du mit dieser Enttäuschung umgehen lernst, wirst du schneller Auswege aus Sackgassen finden. Je weniger du die Liebe idealisieren musst, desto flexibler und zuträglicher wird dein Umgang damit werden. Aber fangen wir ganz von vorne an: am Beginn der Liebe.

Verliebtheit ist die Pause von der Anstrengung des Lebens

Wenn du schon einmal verliebt warst, kennst du das Kribbeln und die Aufregung, wenn dein ganzes System nur auf diesen einen Menschen ausgerichtet ist. In diesem Zustand passt nichts anderes mehr in deinen Kopf. Alles andere ist jetzt unwichtig. Wenn du einen Menschen triffst, der dein Herz öffnet, sind alle Übel dieser Welt besiegt. Du hast dein Glück gefunden. Jetzt kannst du mit dir selbst zufrieden sein, denn der andere zeigt dir in jedem Moment, dass du liebenswert bist.

In der Verliebtheit entsteht allein durch die Existenz des anderen das warme und wunderschöne Gefühl, als Mensch richtig zu sein, gewollt und verstanden zu werden. Das ist eines der wichtigsten emotionalen Grundbedürfnisse in uns Menschen. Ich nenne es liebevoll die Glückliche-Baby-Erfahrung. Das Gefühl erinnert an die Erfahrung des Babys im Bauch, dass es rundum versorgt und sicher ist. Für das Baby gibt es noch keine äußere Welt. Es ist eins mit allem, was es umgibt. Es muss noch nichts bewerten oder einordnen. Es darf einfach sein.

Das Baby ist im Bauch einer gesunden Mutter optimal versorgt. Es ist eingebunden in ein großes Ganzes, das Leben funktioniert automatisch. Mit der Geburt macht das Baby die erste Trennungserfahrung: Es verlässt den Bauch und spürt zum ersten Mal das Getrenntsein und damit auch Angst und Unsicherheit. Denn es ist darauf angewiesen, dass die Mutter oder der Vater das Kind in seinen Bedürfnissen versteht, es füttert, es wärmt, es nicht allein lässt. Wenn diese Kommunikation gelingt und das Baby angemessen versorgt wird, dann wächst Urvertrauen. Dabei entsteht die Selbstwahrnehmung: Ich bin richtig. Ich bin wertvoll. Ich bin sicher. Ich bin ganz.

Wir erleben als Babys aber auch, dass wir nicht verstanden werden, dass wir ungestillte Bedürfnisse haben, dass wir allein sind. Diese Erfahrung ist existenziell. Denn das Baby stirbt, wenn es nicht gefüttert und gewärmt wird. Daher wissen wir, dass die Welt gefährlich ist und wir von anderen abhängig sind. Diese Grunderfahrung prägt unser ganzes Leben und speziell unser Liebesverhalten als Erwachsene. Emily Nagoski, eine amerikanische Sexualwissenschaftlerin und Autorin, beschreibt diesen Zusammenhang in ihrem Buch »Komm, wie du willst«. Bindung ist eines der wichtigsten Grundbedürfnisse des Menschen und gleichzeitig der Grund, warum wir »Herzeleid« spüren.

Wenn du schon mal Liebeskummer hattest, dann hast du dich vielleicht gefragt, warum das so höllisch wehtut. Ein Grund dafür kann sein, dass sich deine frühen Liebeserfahrungen als Baby und Kleinkind schmerzhaft angefühlt haben und dich noch heute dein Gehirn auf diese – ehemals – existenzielle Gefahr hinweist. Für das Baby ist der Verlust von Liebe gleichbedeutend mit dem Verlust von Sicherheit an Leib und Leben. Deshalb ist es nicht verwunderlich, dass sich manche Gefühle im Kontext der Liebe überlebenswichtig anfühlen, obwohl wir keine Babys mehr sind. Obwohl wir als Erwachsene nicht sterben, wenn ein geliebter Mensch sich von uns trennt, kann sich der Verlust von Liebe anfühlen wie der Tod.

Vom ersten Tag unserer Existenz an sammelt das Gehirn Informationen. Es speichert alles, was wir erleben, und formt sich so aus, dass es uns in unserem Leben bestmöglich beschützt. Auch all unsere frühen und frühesten Erfahrungen sind für die Ausbildung unserer Gefühle und Wünsche im späteren Leben prägend. Je nachdem wie viele positive oder negative Erfahrungen du in deiner ersten Liebeserfahrung sammeln konntest, wirst du mehr oder weniger Grundvertrauen in dich und andere Menschen mitbringen. In dieser Zeit lernt das Gehirn die Grundzüge für dein späteres Bindungsverhalten. Babys, die überwiegend verlässlich in ihren Bedürfnissen verstanden worden sind, entwickeln mit großer Wahrscheinlichkeit einen vertrauensvolleren Liebesstil. Babys, die dieses Glück nicht hatten und viel Angst erlebt haben, werden als Erwachsene eine unsichere Bindung zu ihren Liebespartnern und Liebespartnerinnen entwickeln. Sie werden im Widerspruch gefangen sein, dass sie sich einerseits nach Bindung sehnen und andererseits Angst vor Nähe haben.

Wie wir uns als Erwachsene in Beziehungen verhalten, hängt stark davon ab, wie wir erzogen wurden und welche Glaubenssätze wir gelernt haben. Wenn du dazu mehr erfahren willst, dann schau in die Bücher »Jeder ist beziehungsfähig« oder »Das Kind in dir muss Heimat finden« von Stefanie Stahl, einer deutschen Psychologin, Therapeutin und Autorin.

Ich behaupte, dass wir alle die Sehnsucht nach der Sicherheit in uns tragen, die uns die Symbiose im Bauch der Mutter vermittelt hat. Wir sehnen uns ein Leben lang nach Schutz, Geborgenheit und dem Gefühl der Ganzheit, dem Einssein mit der Welt, diesem tiefen Frieden. In der Verliebtheit erleben wir etwas von früheren, schönen Momenten: Momente, in denen du erkannt worden bist. Die Mutter, die dein Lächeln erwidert und dir damit sagt: Ich sehe dich. Du bist sicher. Du bist okay.

Das ist magisch. Wir fühlen Magie, wenn wir verliebt sind. Und das ist unermesslich wertvoll. Dabei kann eine Tiefe entstehen, die wir zu Recht als außergewöhnlich, als einzigartig wahrnehmen. Das heißt: In der Verliebtheit fühlen wir uns ganz. Wir fühlen uns mit dem anderen verbunden und erleben eine Pause von der Anstrengung des Lebens und von Gefahren, Kritik und Zweifeln, denen wir ständig ausgesetzt sind. In der Verliebtheit vergessen wir die Trennungserfahrung und die Tatsache, dass wir nicht mehr automatisch Teil eines großen Ganzen sind, das uns beschützt und versorgt.

Wenn wir heranwachsen, müssen wir lernen, selbst für uns zu sorgen und die Verbindung zu anderen aktiv herzustellen. Dafür fehlen uns leider oft gute Vorbilder. Kaum jemand zeigt uns, wie man sich selbst emotional versorgt, wie man die eigenen Gefühle und Bedürfnisse in Worte fasst, wie man auf sich aufpasst und sich selbst Gutes tut. Als Kind brauchen wir die Eltern, die für eine hohe Qualität in der Beziehung sorgen, die uns Worte geben für unsere Innenwelt und die uns helfen, eine positive innere Einstellung zu uns selbst zu finden. Wenn Eltern das nicht gut können, wissen wir als Erwachsene nicht, wie wir aktiv und unabhängig von den anderen für eine gute Atmosphäre und angenehme Gefühle sorgen. Die meisten Menschen glauben, dass ihr Wohlgefühl von äußeren Umständen oder von Menschen, die ihnen nahe sind, abhängt. Aber tatsächlich hängen die Gefühle weit stärker mit den eigenen Glaubenssätzen und Einstellungen zusammen, die ein Mensch gelernt hat. Wenn du deine Gefühle verändern möchtest, dann beginne mit der Überprüfung deiner Überzeugungen. Wie kommen später noch auf diesen Zusammenhang zurück.

Während wir verliebt sind, funktioniert das gegenseitige Versorgen und Verwöhnen gut. Verliebte wollen sich ständig streicheln, küssen und sich anschauen – und am liebsten ohne Unterbrechung zusammen sein. Das beschreibt exakt die Situation, von der viele Eltern nach der Geburt ihrer Kinder berichten: In den Tagen und Wochen danach wollen sie nur mit dem Baby zusammen sein, es ansehen, ihm zuschauen, es berühren und sich dabei verbunden fühlen. Das ist der Zauber der Verliebtheit.

Doch so, wie die Zeit im Bauch ein Ende hat, muss auch die Verliebtheit enden. Man kann das physiologisch erklären: Für den Körper ist Verliebtsein purer Stress. Der Körper kann diesen hocherregten Zustand voller Stresshormone nicht für immer aufrechterhalten. Das würde zu viel Energie kosten. Je vertrauter die Partnerin oder der Partner wird, desto mehr kann sich das eigene System entspannen. Diese Beruhigung ist einerseits nötig, erleichternd und angenehm. Gleichzeitig ist es schade und enttäuschend, wenn der Rausch nachlässt. Holger Kuntze, Paartherapeut und Autor, beschreibt diesen Zusammenhang anschaulich in seinem Buch »Lieben heißt wollen«: Erst nach Ende der Verliebtheit entsteht der Raum für die Liebe. Während die Verliebtheit uns dazu veranlasst, einem fremden Menschen nahezurücken, ist die Liebe viel stärker von Entscheidungen und konkretem Verhalten geprägt. Der Mensch entwickelt jetzt andere, leisere Hormone, die der Bindungserfahrung zugeschrieben werden. Das Gehirn wird wieder freier für andere Lebensbereiche.

Manche Beziehungen enden genau an diesem Punkt: wenn die Verliebtheit aufhört und der ganze Mensch mit seinen Stärken und Schwächen zum Vorschein kommt. Es ist der Moment, in dem sich Verliebte von Illusionen verabschieden und die Entzauberung bewältigen müssen. Während der Verliebtheit glauben viele, dass sie die »wahre Liebe« gefunden hätten, dass sie mit diesem einzigartigen, wundervollen Menschen für immer alles teilen würden. Der Psychologe Holger Lendt und die Psychologin Lisa Fischbach, Autoren von »Treue ist auch keine Lösung«, sprechen vom AMEFI-Prinzip: **A**lles **M**it **E**inem **F**ür **I**mmer. Doch leider liegt hier eine Verwechslung vor. Das, was der Mensch in diesem Moment fühlt, ist nicht die ewige Erfüllung des monogamen Ideals, sondern eine emotionale Fähigkeit unseres Gehirns, die zwangsläufig, schon aus rein körperlichen Gründen, zu Ende gehen wird. Jede Verliebtheit wird enttäuscht werden, weil die Erregung, die das fremde Unbekannte auslöst, in Bekanntes und damit weniger Interessantes übergehen wird. Um es mit den Worten von Ulrich Clement, Psychologe, Sexualwissenschaftler und Autor, zu sagen: »Jedem Zauber wohnt ein Ende inne.«

Wir wollen diese Gefühle des Anfangs festhalten, wir wollen sie konservieren, denn sie sind einfach zu schön. Uns ist nicht klar, dass wir es mit einem temporären Erleben zu tun haben. Damit sitzen wir mittendrin in der Enttäuschungsfalle der monogamen Liebe. Dazu kommt, dass Bindung oft im Gegensatz zu sexuellem Begehren steht. Je vertrauter und näher mir ein Mensch ist, desto wahrscheinlicher ist es, dass mein sexuelles Verlangen nach ihm allmählich nachlässt. Das ist individuell unterschiedlich und man kann auch nach Jahrzehnten aufeinander Lust bekommen – tendenziell nimmt die Lustintensität jedoch ab, je länger Menschen zusammen sind und je sicherer ihre Verbindung ist. Auch das ist eine Enttäuschung, mit der viele Paare zu kämpfen haben. In der Folge ist das Sexualleben unbefriedigend, weil einer der beiden mehr oder anderen Sex möchte oder Sexualität zu einer Pflichtveranstaltung mit großem Frustpotenzial verkommt.

Nun formuliert die monogame Liebe aber eine Treueerwartung. Die körperliche Treue soll sicherstellen, dass niemals Gefühle für einen anderen Menschen entstehen und dass wir den Zauber der Verliebtheit bewahren. Die Treue soll Schutz geben und bewirken, dass ich mich ein Leben lang glücklich fühlen kann. Und tatsächlich kann das gut funktionieren. Aber alles hat seinen Preis. Verliebtheit ist Lebendigkeit pur. Sie ist Spontaneität, sie ist Wandel, sie ist ein Prozess. Sie ist pulsierend, überraschend, überwältigend. Die Treue-Erwartung will das Gegenteil: Sie will fixieren, einen Rahmen stecken, für Ordnung und Stabilität sorgen. Sie will Sicherheit geben. Das AMEFI-Prinzip führt zum genauen Gegenteil der freien und ungestümen Verliebtheit. Es bringt Ordnung ins Chaos, es gibt Planbarkeit und Verlässlichkeit. Aber gleichzeitig lässt es Lebendiges erkalten, es produziert Langeweile und Unbeweglichkeit. Genau diese Unbeweglichkeit ist Ursache für viele Beziehungsprobleme, nicht nur im Hinblick auf Treue und Untreue.

Zu Beginn der Beziehung hatte Katja mit Martin viel Spaß. Mit Mitte zwanzig lag das Leben mit all seinen Versprechungen vor ihnen und Katja hatte in Martin den perfekten Begleiter. »Meine kesse Biene« nannte er sie gerne oder ganz romantisch »Königin meiner Träume«. Ja, da war viel Liebevolles und vieles, was einfach so von selbst zusammenpasste. Martin kümmerte sich gerne um die organisatorischen Sachen, buchte die Urlaube. Katja genoss es, ihn mit häuslicher Fürsorge zu verwöhnen, die Lieblingsrezepte aus seiner Kindheit nachzukochen und dabei die perfekte Buttertorte seiner Oma noch perfekter zuzubereiten. Es gab zärtliche Gesten, mit denen die beiden einander begegneten, der abendliche Gutenachtkuss oder der gelegentliche Klaps auf den Po. Aber irgendwann kam Martin immer seltener lächelnd nach Hause. Er hatte keinen flotten Spruch mehr auf den Lippen und er umarmte sie nur noch selten. Martin kam nach einem langen Arbeitstag durch die Haustür, grüßte durch den Flur und verschwand in seinem Zimmer. Er war erschöpft. Das Leben laugte ihn aus. Sie schliefen nach einigen Jahren in getrennten Zimmern, weil Katja Martins Schnarchen immer weniger tolerieren konnte. Es war wie ein Auseinandergleiten in Zeitlupe, und irgendwann gab es keine körperlichen Berührungen mehr. So normal und allgegenwärtig war der andere geworden. Beide erfüllten zuverlässig ihre Funktionen, aber die fehlende Zuwendung machte die Liebe langweilig. Sie war zu selbstverständlich und lauwarm wie das in der Mikrowelle aufgewärmte Abendessen. Martin träumte von einer langen Reise allein, aber als er das Katja erzählte, verlor sie fast die Fassung. Gar nicht vorstellbar war das für sie. Sie weinte und beschimpfte ihn und so vergrub Martin seinen Traum und traute sich nicht mehr davon zu reden. Er hatte den Zeitpunkt verpasst, als junger Mann seine Freiheit zu nutzen. Jetzt war er Familienvater und da gab es keinen Raum mehr für solche Träume. Einmal besuchte Martin ein Bordell, weil er sich nach leidenschaftlichem Sex sehnte. Für ihn war das jedoch eine unerotische Angelegenheit und so fand er sich mit seiner Situation ab. Trotzdem waren Katja und Martin weitgehend zufrieden miteinander. Ja, es gab sogar auch glückliche Momente – besonders im Urlaub. Und eigentlich kann man nicht sagen, dass die Beziehung der beiden schlecht war. Es gab lediglich eine Art Stagnation und daraus resultierend eine Stille, eine Unbeweglichkeit, die den Boden für die Krise bereitet hat.

Die gegenseitigen Erwartungen der Liebespartner oder Liebespartnerinnen führen häufig dazu, dass die persönliche Entwicklung und lebendige Entfaltung der Beteiligten gebremst werden. Alles, was von den Vorstellungen des

Partners oder der Partnerin abweicht, könnte zu einem Konflikt führen und wird daher gemieden. Doch was geschieht, wenn persönliche Entwicklung gebremst wird? Das individuelle Glücksempfinden leidet. Das, was unser Glück sichern soll, führt zu Stagnation und nicht selten ins Unglück. Damit ist klar, warum die meisten Beziehungen früher oder später schwierig werden: weil nach der Idealisierung der Verliebtheit die Liebe kommt. Im Gegensatz zur Verliebtheit fühlt sich Liebe weniger spektakulär an – und sie macht Arbeit. Für die Liebe musst du etwas tun.

Deshalb ist es am Ende der Verliebtheit die Aufgabe eines jeden Paares, einen Übergang in die Liebe zu finden. Das Paar muss entscheiden: Wie kommunizieren wir miteinander? Wie stellen wir sicher, dass wir beide uns entwickeln und als Menschen reifen können? Welche Träume will jeder in seinem Leben verwirklichen? Wie gehen wir mit Treue und Untreue um? Wie stärken wir unsere Verbindung und Loyalität? Was tun wir, wenn das sexuelle Begehren nachlässt? Wie heizen wir den Ofen immer wieder an? Ich bezeichne diese aktive Fürsorge für die Paarbeziehung als Couple-Care.

Liebe gedeiht, wenn beide wachsen

Viele Menschen übersehen, dass die Liebe ihr Zutun braucht. Wir nehmen die Beziehung zu selbstverständlich. Wir betrachten unsere Partnerinnen und Partner als gewöhnlichen Bestandteil unseres Lebens und schätzen diese Verbindung und all das, was uns daran nährt, zu wenig wert. Möglicherweise überwiegen sogar die negativen Gedanken und Gefühle gegenüber der Beziehung. Wenn das langfristig so bleibt und wir nichts daran ändern, wird eine Beziehung nicht von Dauer sein.

Paare bleiben dann zusammen, wenn es ihnen immer wieder gelingt, dass beide eine positive Einstellung zueinander entwickeln und wiederfinden können – und zwar trotz der Langeweile und Streitereien, die eine Beziehung mit sich bringt. Dies ist der Fall, wenn beide Beteiligten ihre jeweiligen Wünsche und Bedürfnisse befriedigen können und es eine Offenheit dafür gibt, über Gefühle und Befindlichkeiten zu sprechen.

Leider ist genau das eine Fähigkeit, die wir als Kind nicht automatisch lernen. Statt offen über Gefühle und Bedürfnisse zu sprechen, lernen Kinder, dass sie ihre Gefühle nicht ausdrücken dürfen – weil das Mama und Papa Kummer oder Ärger bereitet – und dass ihre Bedürfnisse häufig nicht verstanden oder sogar abgelehnt werden. Kinder lernen meist nicht, ihre Bedürfnisse zu benennen, weil sie keine Anleitung dafür bekommen und weil sie für ihre impulsiven und spontanen Äußerungen oft Zurückweisung erfahren. Gleichzeitig beobachten wir als Kinder genau, wie unsere Eltern ihre Beziehung führen. Wir sehen beispielsweise, dass nicht gesprochen wird oder dass Konflikte unter den Teppich gekehrt werden. Oder wir müssen Aggressivität und Streit miterleben, ohne dass es eine befriedigende Auflösung der Konflikte gibt. Wir nehmen die Strategien der Eltern mit in unser erwachsenes Liebesleben. Wenn die Mutter manipulativ war, wirst du es womöglich auch sein. Wenn der Vater durch Schweigen und Liebesentzug gestraft hat, dann wirst du mit großer Wahrscheinlichkeit selbst deine Verärgerung durch Schweigen ausdrücken – oder du machst das Gegenteil und wirst deinen Partner oder deine Partnerin massiv durch Worte bedrängen und viel zu viel reden, ohne tatsächlich zu kommunizieren.

So legen wir uns im Laufe unseres Lebens eine Reihe von »Programmierungen« in unseren Gehirnen zu, die nicht förderlich für die Liebe sind. Erwachsene handeln in ihrem Liebesverhalten oft nicht erwachsen. Sie versuchen, durch

Manipulationen, Anklagen, Vorwürfe, emotionale Erpressung oder andere strafende Verhaltensweisen auf das Verhalten ihrer Liebespartnerinnen oder Liebespartner einzuwirken. Erwachsen wäre es, wenn du offen und transparent benennen kannst, was du willst und was du brauchst.

Wir verhalten uns in Liebesbeziehungen stattdessen wie kleine Kinder. Wir wollen von unserem Partner oder von der Partnerin ohne Mühe verstanden werden. Er oder sie soll uns das geben, was wir uns immer schon gewünscht haben: bedingungslose Liebe, emotionale Zuwendung und Bemutterung, das Ausgleichen der eigenen Schwächen, ohne im Gegenzug etwas von uns zu erwarten. Viele Menschen suchen in ihren Partnerschaften tatsächlich eine mütterliche oder väterliche Zuwendung. Sie wollen sich für die Liebe nicht anstrengen müssen. Sie wollen wie im Scharaffenland den Mund aufsperren und versorgt werden – wie ein Baby, das an der Brust der Mutter alles bekommt, was es braucht. Ein verständlicher Wunsch, der leider nicht realistisch ist.

Häufig wird Liebe wie ein Tauschgeschäft verstanden: Ich erfülle dir ein Bedürfnis und kann dafür von dir erwarten, dass du mir etwas Bestimmtes erfüllst. Solche Bedingungen widersprechen dem Grundsatz von Liebe – denn nur, was ich frei und ohne Bedingung geben will, wird mich und meine Liebesperson dauerhaft glücklich machen. Es kommt vor – und es ist völlig normal –, dass die Bedürfnisse beider Menschen in manchen Punkten oder sogar grundlegend nicht zueinander passen. Was geschieht dann? Beide sind unzufrieden und entfernen sich voneinander. Einen derartigen Zustand kennen viele Paare, die zu mir in die Beratung kommen.

Anstatt wechselseitig Frust abzuladen und vom anderen Wunscherfüllung einzufordern, könnten wir zunächst die unterschiedlichen Bedürfnisse als gleichwertig anerkennen. Nur weil Bedürfnisse nicht zueinander passen, hast du keinen Grund, auf den anderen sauer zu sein. Hilfreich ist es, deine Erwartung an die Liebe ein wenig herunterzuschrauben: Liebe ist nicht das Paradies. Liebe erfüllt nicht automatisch alle deine Bedürfnisse. Hast du dieses Ziel, lebst du in einer Überforderung, der niemand standhalten kann.

Es ist wissenschaftlich erwiesen und insbesondere durch das Forscherehepaar John und Julie Gottman umfassend beschrieben, dass glückliche Paare vor allem eines tun: Sie unterstützen einander darin, ihre ureigensten Lebensträume verwirklichen zu können. Sie fühlen sich in gewisser Weise mächtig, die Geschicke des eigenen Lebens selbst zu bestimmen. Die Sehnsüchte, Hoffnungen und Wünsche beider werden in das Gesamtkonzept der Beziehung eingebaut und mitgetragen. Wenn Liebe gelingen soll, dann muss ich wachsen und Verantwortung für die Qualität der Verbindung übernehmen. Es existiert kein Kuss des Prinzen, der das Dornröschen in uns erweckt. Dornröschen muss sich selbst durch die Hecken ihrer Burg befreien. Und der Prinz muss lernen, seine Emotionen zu verstehen und zu regulieren. Die Sprache seines Schwertes mag Feinde bezwingen, doch die Sprache der Liebe folgt einer anderen Logik.

Eine der größten Hürden in Beziehungskonflikten ist die Sprachlosigkeit. Wer von uns ist in der Lage, die eigenen Bedürfnisse und Grenzen wahrzunehmen und in Worte zu fassen? Wer hat gelernt, die eigenen Gefühle zu erkennen und verständlich zu äußern? Wer hat einen sensiblen und positiven Zugang zu sich selbst, der es ihm oder ihr ermöglicht, seine oder ihre Wünsche klar und selbstbewusst zu kommunizieren?

Die wenigsten von uns haben Übung darin, das auszudrücken, was sie möchten. Und so ist es kein Wunder, dass sich Frust und Missverständnisse aneinanderreihen und schließlich zu Ärger, Resignation und gegenseitigen Manipulationsversuchen führen. Wir zerren aneinander herum, beschuldigen uns gegenseitig und glauben am Ende, die Liebe sei gescheitert. Tatsächlich beginnen Reifeprozesse häufig mit dem Eingeständnis der Enttäuschung: Die Liebe erfüllt nicht alle meine Sehnsüchte und meine Wünsche. Mein Partner oder meine Partnerin verhält sich nicht immer so, wie ich das gerne will. Im Gegenteil: Ich ärgere mich über sie oder ihn – jedoch scheint das gar nichts zu nützen. Nach und nach richten es sich beide in diesem unbefriedigenden Zustand ein. Wer kennt das nicht?

»Wir haben uns auseinandergelebt«, sagt Martin in unserer ersten Sitzung. »Was meinst du damit?«, frage ich nach. »Na ja, keine Ahnung, jeder hat sein Ding gemacht und wir haben den anderen dann auch in Ruhe gelassen, weil wir keinen Streit mehr haben wollten.« »Das heißt, ihr habt euch beide auf eure eigenen Sachen konzentriert, weil ihr zu viel gestritten habt?« Katja verschränkt wütend die Arme vor der Brust. Ihre Lippen sind zusammengepresst. »Ich habe immer wieder gesagt, dass du doch mal den Mund aufmachen sollst! Nie hast du gemacht, worum ich dich gebeten habe. Die Initiative musste immer von mir ausgehen!« Martin, auf der gegenüberliegenden Seite des Raums, zieht ebenfalls seine Mauer hoch und versucht sich durch Angriff zu verteidigen: »Du bist nie zufrieden. Immer passt dir was nicht. Du bist schlimmer als deine Mutter.« Der Schlag hat gesessen. Über Katjas Gesicht rollen stumme Tränen. Sie schweigt und möchte nichts mehr sagen.

Diese Szene ist typisch und zeigt, wie sehr sich Paare in Beziehungen ineinander verhaken können. Anstatt einander gutzutun, beginnt ein Kampf. Angriffe, Schuldzuweisungen, Vorwürfe – all das ist feinster Stoff für unproduktiven Streit. Und dabei wäre der Ausweg ganz woanders. Wenn du deiner Partnerin oder deinem Partner nicht die Verantwortung für dein Glück überträgst und stattdessen selbst für dein eigenes Glück sorgst, dann wird der Weg frei, um deinen Partner oder deine Partnerin als das zu sehen, was er oder sie ist: ein einzigartiger Mensch mit Stärken und Schwächen, mit Fehlern, mit Hoffnungen und Träumen.

Meist sehen wir nur die Enttäuschung, dass der andere nicht so ist, wie wir ihn gerne hätten. Trotzdem halten viele auch bei lang anhaltenden Konflikten am anderen fest: wegen der Kinder, wegen der Angst vor Einsamkeit, wegen der Etikette, wegen der Potenziale, die wir in der Beziehung sehen – oder weil es doch einmal so gut zwischen uns gewesen ist. Und so vergehen die Jahre meistens ohne die Glücksgefühle der frühen Verliebtheit.

Daher ist es nicht verwunderlich, dass Katja schon einige Jahre vor der Affäre ihres Mannes Unzufriedenheit gespürt hat. Sie fühlte sich, als hätte sie etwas verloren, konnte jedoch den Auslöser für ihr Gefühl nicht finden. Schließlich hatte sie doch alles. Auch nahm sie das flaue Gefühl im Magen nie ernst. Sie beschäftigte sich mit vielen Aufgaben, dem Engagement im Schulverein, backte für die halbe Nachbarschaft Kuchen zum Sommerfest. Es gab viel Ablenkung. Hin und wieder machte sie kleine Versuche, um Martin näherzukommen. Wenn er abblockte, gab sie sich erneut mit dem zufrieden, was sie hatte. Dieser Zustand ist der perfekte Nährboden für das Auftreten einer neuen Verliebtheit außerhalb der Beziehung. Es ist daher wichtig, dass wir unsere Enttäuschung wahrnehmen und beginnen, über unsere Wünsche zu sprechen und Neues auszuprobieren. Als Martin den Wunsch formulierte, dass er gerne allein verreisen würde, war er mutig. Denn er ahnte, dass Katja das nicht gefallen würde. Genau da wäre die Chance für Wachstum gewesen, indem Katja sich selbst fragt: Warum habe ich so große Angst davor, dass Martin einen Raum für eine Erfahrung ohne mich ersehnt? Welche Emotionen löst das aus und wie kann ich mit diesen Emotionen umgehen? Welche Funktion erfüllt Martin für meine emotionale Stabilität, und inwieweit mache ich mich selbst dadurch abhängig? Warum sollte es mich überhaupt beunruhigen, wenn Martin Neues entdecken will?

Katja hätte vermutlich ihre Eifersucht, ihre Ängste und

Kleinheitsgefühle entdeckt. Dadurch wäre ein Gespräch möglich geworden und die Suche nach alternativen Lösungen hätten beginnen können. Alte Wunden können heilen, wenn sie durch neue, gute Erfahrungen ersetzt werden. Wenn ich etwas bewältige, was mir zuvor Angst gemacht hat, dann wachsen daraus Selbstvertrauen und neuer Mut. Diese Erfahrung hat Katja sich selbst genommen, indem sie komplett dichtgemacht hat. Das Gefühl der Abwehr hat die Regie übernommen.

Es kann viele nachvollziehbare Gründe dafür geben, dass Beziehungen an Qualität verlieren, auch wenn beide Beteiligten sich lieben. Egal, wie sehr ihr am Anfang verliebt wart: Die Qualität eurer Bindung wird abnehmen, wenn ihr die Liebe dem Lauf der Dinge überlasst. Der einzige Ausweg beginnt mit der *Entscheidung*, die Beziehung verändern zu wollen und entsprechend etwas dafür zu tun. Was du tun kannst, wenn Langeweile, Drama und Eifersucht dein aktuelles Liebesleben dominieren, erfährst du im nächsten Kapitel.

Was du tun kannst, wenn deine Liebe enttäuscht ist

Wenn du in deiner Liebe enttäuscht bist, ist der perfekte Zeitpunkt für *Veränderung* gekommen. Deine Enttäuschung zeigt dir, dass du dein Feld nicht ordentlich bestellt hast und deshalb nichts ernten kannst. Vielleicht hast du noch nicht so viel Übung darin, eine Liebe aktiv zu gestalten und dich authentisch und mutig einzubringen. Das macht nichts. Du kannst jederzeit damit beginnen, deine Liebesfähigkeiten zu entdecken und zu schärfen.

Die erste und wichtigste Quelle für eine immer wieder neu erwachende Liebe ist der Dialog – das Gespräch zwischen den Liebenden. Dieser Dialog sollte sich auf alles beziehen, was das Leben der Menschen ausmacht: Gefühle, Wünsche und Bedürfnisse, Gedanken und Sehnsüchte, Stärken und Schwächen. Er ist ein dauerhaftes Merkmal einer guten Couple-Care, also der Fürsorge für die Paarbeziehung.

Wenn du feststellst, dass ihr im Wesentlichen über Oberflächliches oder über Organisationsthemen des Alltags redet, dann schlage deiner Partnerin oder deinem Partner vor, dass ihr euch zu einem aufmerksamen Gespräch verabredet. Stell dir vor, dass dieses erste Gespräch der Auftakt für eine gemeinsame Entdeckungsreise sein wird. Es geht dabei um die zentralen Fragen: Wie will ich mein Leben gestalten, damit ich eines Tages zufrieden sterben kann? Was will ich erlebt haben? Was will ich gefühlt haben? Wie möchte ich eines Tages zurückblicken können?

Deine Beziehung ist der Ort, an dem du deine Wünsche verwirklichen kannst. Verabrede dich noch heute zu einem Gespräch. Triff die *Entscheidung*, dass du das Ruder in die Hand nehmen und Liebe und Lebendigkeit zurückholen willst.

Der Dialog allein ist jedoch nicht alles. Was dazu kommen muss, ist der *Wille*, sich selbst und die Beziehung besser zu verstehen, sich weiterzuentwickeln, die eigenen Haltungen und Werturteile zu hinterfragen. Das bedeutet, dass du auch deine Beziehung zu dir selbst untersuchst und verbesserst. Das betrifft die Frage, wie du eigentlich tickst. Was dir wichtig ist. Wie du deine Gefühle und Bedürfnisse wahrnimmst und ausdrückst. Jeder Mensch hat seine eigenen Tricks und Methoden, wie er sich selbst daran hindert, die eigenen Bedürfnisse zu befriedigen. Ja, in der Tat, nicht selten stehst du dir am meisten im Weg, wenn es um dein Glück geht. Wenn du zu dir freundlich bist und dich nicht innerlich abwertest, dann bist du weniger abhängig davon, dass dir dein Gegenüber ein gutes Gefühl vermittelt oder deine Bedürfnisse befriedigt. Das macht alle Beteiligten freier und leichter.

An dir selbst zu arbeiten bedeutet, dass du deine unbewussten Gefühls- und Verhaltensmuster kennenlernst – dass du anfängst, dich selbst aufmerksamer wahrzunehmen und zu erkennen, wie manche deiner Verhaltensweisen bei dir und anderen negative Gefühle erzeugen. Wenn es dir gelingt, dein eigenes Verhalten zu verändern, erlebst du, wie du deine Gefühle positiv beeinflussen kannst. Dann erkennst du, wann und wie du etwa zu schlechter Stimmung beiträgst oder Verantwortung an den anderen abgibst. Du lernst, wie du aktiv eine gute und lebensfrohe Stimmung in dein Leben und in deine Beziehung hineintragen kannst. Glück und Liebe sind kein zufälliges Ereignis. Du selbst kreierst diese Gefühle in dir.

Unabhängig davon, welche Umstände dein Leben für dich bereithält: Du kannst positive Gefühle lernen. Mit der richtigen Self-Care, indem du lernst, dich gut um dich selbst zu kümmern, gelingt dir das.

Eine praxisnahe Anleitung für eine kraftvolle Self-Care liefert die Psychologin Ulrike Scheuermann in ihrem Buch »Self Care – Du bist wertvoll«. Sie beschreibt darin sieben Felder, die für deine Self-Care wichtig sind: deinen Körper lieben lernen, deine Gefühle hegen, erholsam schlafen, deinen Raum gestalten, deine Verbundenheit stärken, deine Gedanken befreien und deine Seele entfalten. Mit dieser Selbstfürsorge kann deine eigene Liebesfähigkeit enorm wachsen, und sie lässt dich unabhängiger und frei werden. Das ist die Grundlage für jede glückliche Liebe.

Es gibt folglich zwei Baustellen, auf die du deinen Fokus richten kannst: alle Aktivitäten, die deine Couple-Care betreffen, und alle Aktivitäten, die deine Self-Care betreffen. Couple-Care meint Aktivitäten, mit denen ein Paar dafür sorgt, dass die Liebe stark und lebendig bleibt oder wieder aufblüht, wenn sie verloren gegangen ist. Wenn die Liebe eingeschlafen ist, wenn häufig negative Stimmung und Streit entstehen, wenn kaum Gespräche stattfinden, wenn es nicht mehr prickelt, kommt die Liebe nur durch aktive Zuwendung zurück. Aktive Zuwendung äußert sich in vielen kleinen Handlungen des Alltags. Dazu zählen Gesten, Mimik und Worte genauso wie die Erledigung von Aufgaben im Haushalt oder das Mitbringen von kleinen Geschenken oder anderen Aufmerksamkeiten. Entscheidend dabei ist, dass der Kontakt zwischen zwei Liebenden so stattfindet, dass die positiven Gefühle und Gedanken über die Beziehung die negativen immer wieder überwiegen.

Couple-Care meint all das, womit du ausdrückst: Ich sehe dich. Du bist mir wichtig. Auch wenn du gerade keine gute Nähe zu deiner Partnerin oder deinem Partner spürst, machen diese kleinen Handlungen einen großen Unterschied. Und du kannst in jedem Moment beschließen, dass du deine Wertschätzung für das Gute zwischen euch stärker betonst und ausdrückst. Probiere es aus: Finde noch heute Worte der Wertschätzung für deine Beziehung. Schau den anderen aufmerksam an. Nimm dir Zeit für eine bewusste Kontaktaufnahme. Und beobachte, was geschieht.

Couple-Care bezieht sich auch auf die Strukturierung eures Alltags. Welche Zeiten habt ihr für welche Aktivitäten vorgesehen? Gibt es einen festen Zeitpunkt für ernsthafte Gespräche zwischen euch? Wenn nicht, dann solltet ihr sofort einen festen Zeitpunkt in der Woche festlegen. Welche Gelegenheiten schafft ihr euch für Nähe, Intimität, für Leichtigkeit und Spaß? Wie und wann stimmt ihr die Alltags-Organisation ab? All das sind Punkte, die eure Couple-Care berücksichtigen sollte.

Wir werden im weiteren Verlauf des Buches sehen, wie eine gesunde Couple-Care aussehen kann. Für den Moment mag es reichen, dass wir verstehen, dass eine glückliche Paarbeziehung die aktive Zuwendung und Aufmerksamkeit beider Menschen braucht. Deine Aufgabe wird jetzt sein, den Dialog zu beginnen, eure gegenwärtige Couple-Care zu hinterfragen und später neu und für euch beide passend aufzustellen. Couple-Care ist nie statisch. Es geht immer wieder darum, sie an euch und eure Bedürfnisse anzupassen. Denn wenn du deine Liebe so lebst, wie sie zu dir passt, dann schaffst du die beste Basis für Glück und Erfüllung. Wie das geht und was dazu nötig ist, wirst du im Laufe dieses Buches erfahren.

Im nächsten Kapitel werden wir uns einer der wichtigsten Rahmenbedingungen der Liebe in der heutigen Zeit zuwenden, nämlich der Vorstellung, dass die romantische Liebe nur zwischen zwei Menschen stattfindet. Wir werden sehen, wie die Monogamie den Kontext für Liebesbeziehungen prägt – im Guten wie im Schlechten.

Die romantische Liebe

Warum die Monogamie eine gute Idee ist und leider auch eine schlechte

Ich will die Monogamie nicht abschaffen. Ich mag sie sehr. Aber ich will von Herzen gern einen Beitrag dazu leisten, dass wir flexibler und offener, ja unvoreingenommener über die Monogamie nachdenken und sie vielleicht an der einen oder anderen Stelle modernisieren. Was für dich passt und was für dich nicht passt, das entscheidest immer nur du. Bist du bereit? Lass uns loslegen!

Zwischen Idealvorstellung und Scheinsicherheit

Die klassische romantische Liebe findet zwischen zwei Menschen statt. Die Liebenden versprechen einander emotionale und körperliche Exklusivität: Sie versprechen, dass sie sich niemals zu einem anderen Menschen emotional oder sexuell hingezogen fühlen werden. Sollte es zu einer Anziehung kommen, mündet diese keinesfalls in einer entsprechenden Handlung.

Die Monogamie ist eine feine Sache. Wenn du dein Herzblatt gefunden hast, bist du in Sicherheit. Du kannst dich darauf verlassen, dass du niemals allein bist. Und dass du jemanden hast, der auf dich aufpasst, der mit dir alle Herausforderungen des Lebens durchsteht. Du hast jemanden, der in dir macht, dass du keine Angst mehr haben musst. Jemand, der dir sagt, dass du liebenswert und begehrenswert bist und einfach ein toller Mensch. Jemand, mit dem du ab sofort alles teilst und der mit dir alles teilt, jemand, der deine Bedürfnisse kennt und deine Wünsche erfüllt. So zumindest sieht es im Ideal der romantischen Liebe aus.

Doch dieses Paradies ist meist nur phasenweise real und hat einige Schattenseiten, die wir kennen müssen, wenn wir glücklich monogam leben wollen. Denn was ist, wenn die Verliebtheit geht und der nervige Alltag der Liebe dein schönes Traumschloss in eine mittelmäßige Blockhütte verwandelt? Was ist, wenn deine Gefühle partout nicht von deinen Idealen gesteuert werden und du dich irgendwann nach Abwechslung sehnst? Was ist, wenn du bestimmte Bedürfnisse mit deinem Traumpartner oder deiner -partnerin nicht befriedigen kannst, weil er oder sie es nicht will oder nicht kann? Was ist, wenn dich deine Partnerin oder dein Partner mit ihren oder seinen Ansprüchen erdrückt und dir mehr und mehr die Luft zum Atmen fehlt?

Das ist der Moment, in denen viele Menschen Erfahrungen außerhalb der Beziehung suchen. Wie häufig Untreue vorkommt, lässt sich nicht genau sagen, aber die Psychologen Lendt und Fischbach gehen davon aus, »dass neun von zehn Männern und drei von vier Frauen mindestens einmal in einer festen Beziehung untreu waren und dass jede zweite Ehe von Untreue betroffen ist.« Das ist eine gigantische Anzahl von monogamen Beziehungen, die in die Krise geraten, weil es einen Seitensprung, eine geheime Affäre oder Besuche im Bordell gab. Auch lange geheime Nebenbeziehungen fliegen früher oder später auf.

Mir ist bewusst, dass viele Menschen an dem Ideal der Monogamie festhalten wollen und die Infragestellung Angst macht. Wenn das bei dir so ist, dann ist das in Ordnung. Deine Angst ist verständlich. Wenn du monogam lebst und das so bleiben soll, dann bin ich ganz bei dir. Ich will dich nicht zur Polyamorie bekehren. Ich möchte dich stattdessen einladen, dir die Vielfalt der Möglichkeiten anzuschauen und zu fragen, was dir mehr Offenheit und mehr Zufriedenheit bringen kann, auch innerhalb der Monogamie. Du hast eine große Gestaltungsmöglichkeit und du hast immer eine Wahl. Mein Anliegen ist es, dich dabei zu unterstützen, deine Liebesbeziehung so zu leben, wie es dir und deiner Partnerin oder deinem Partner entspricht. Es geht dabei nicht nur um die Gefahr der Untreue. Es geht vielmehr darum, dass du das Potenzial deiner Liebe leben lernst. Dass du Bindung nach *deinen* Vorstellungen gestaltest und ein erwachsenes Vertrauen zu dir und deiner Beziehung entwickelst. Ich meine damit Vertrauen, das nicht blinder Liebe entspringt, sondern das sich den Risiken und Aufgaben der Liebe bewusst ist und diese aktiv meistern möchte.

Wenn du nicht in die Fallen der Monogamie tappen willst – oder wenn du bereits verletzt worden bist und wieder Heilung finden willst –, dann musst du anfangen, über dein Beziehungsmodell nachzudenken. Was sind die Regeln deiner Beziehung? Was sind die Verbote und die Gebote? Du solltest verstehen, welche Risiken deine Beziehungsform birgt und warum Phänomene wie Betrug und Untreue so oft Bestandteil der Monogamie sind.

Viele Menschen sagen: »Wenn mich mein Partner betrügt, dann bin ich sofort weg.« Aber das Gegenteil ist der Fall. Wenn der Worst Case eines Betrugs eintritt, kämpfen die Betroffenen oft wie Ertrinkende. Sie klammern sich an das Alte fest, wollen die Zeit zurückdrehen, quälen sich mit tausend Fragen und Selbstzweifeln. Sie überschütten den Partner oder die Partnerin mit Vorwürfen und Anklagen, und viele Beziehungen werden diesen Sturm von Schmerz und Hass nicht überleben – obwohl es anders gehen könnte.

Was lernen wir daraus? Die Monogamie schafft eine Scheinsicherheit. Wir glauben, dass wir bis ans Lebensende geschützt sind, doch dann bricht oft die schmerzhafte Begegnung mit der Realität über uns herein. Sei es in Form einer heimlichen Affäre, in Gestalt der gähnenden Langeweile oder als nicht enden wollender Streit. Wir müssen diese Zusammenhänge ernst nehmen, damit wir die Fallen umschiffen können. Daher werfen wir einen Blick auf die Ursachen für das Fremdgehen.

Fremdgehen gehört zur Monogamie

Warum gehen wir fremd? Warum passiert das so oft? Weil Menschen ein Bedürfnis nach Bindung und nach Freiheit haben; und weil die meisten Beziehungsmodelle zu wenig Raum für Autonomie lassen. Es liegt nicht daran, dass du ein schlechter Mensch bist, dass du persönlich versagt hast oder dass du deinen Partner oder deine Partnerin nicht liebst. Es gibt viele nachvollziehbare Gründe, warum Menschen fremdgehen. Und es gibt sogar gute Gründe, warum Menschen Untreue verschweigen. Wir können das Fremdgehen verurteilen, aber das bringt uns der Lösung nicht näher. Erst wenn wir die Gründe verstehen, können wir andere Wege suchen.

Es gibt biologische, emotionale und soziale Gründe für das Fremdgehen. Man könnte sagen, wir kämpfen in der Monogamie mit unserer Biologie. Denn unsere Körper – männlich wie weiblich – haben evolutionsbedingt eine ausgeprägte Lust auf Vielfalt. Die Einengung auf einen Sexualpartner oder eine -partnerin gibt es bei unseren nächsten Verwandten im Tierreich, den Bonobo-Affen, nicht. Im Gegenteil, die Bonobos haben viel und exzessiv Sex mit wechselnden Partnern und sie setzen Sex als Mittel der Konfliktlösung und sozialer Interaktion ein. Nun müssen wir nicht handeln wie Bonobos, aber es ist doch auffällig, dass viele Menschen davon berichten, dass die Lust auf den einen Partner oder die eine Partnerin früher oder später abnimmt oder sogar ganz verschwindet. Während am Anfang der Verliebtheit die erotische Anziehungskraft wie eine Droge den Körper steuert und Lust in Hülle und Fülle beschert, nimmt das Verlangen mit der Zeit ab. Nicht selten kommt Sexualität in Langzeitbeziehungen komplett zum Erliegen. Unsere Gehirne sind so beschaffen, dass sie sich für das Neue interessieren, für das Fremde, für diese Aufregung, die in dir entsteht, wenn du dich beim Kennenlernen eines neuen Menschen ganz neu erlebst.

Viele Paare berichten davon, dass der Sex nachlässt, dass da weniger Lust ist und häufig ein Missverhältnis zwischen den Liebenden entsteht. Häufig ist es die Frau, die scheinbar weniger Lust hat. Der Mann ist frustriert, weil er mehr sexuellen Kontakt zu seiner Frau sucht. Das liegt nicht daran, dass Frauen grundsätzlich weniger Lust haben, wie der beeindruckende Forschungsbericht von Daniel Bergner in »Die versteckte Lust der Frauen« zeigt. Vielmehr entsteht die Lust bei Frauen auf andere Weise. Der innere und äußere Kontext muss stimmen. Und gerade Frauen haben häufig eine große Lust auf Vielfalt. Das ist der Grund, warum die Monogamie ein Modell ist, das auch und gerade für Frauen häufig lustreduzierend wirkt. Egal, bei wem die Lust nachlässt, die Beziehung wird dadurch immer herausgefordert.

Wenn wir all das nüchtern betrachten, dann stellen wir fest: Die Evolution hat uns nicht auf die Monogamie vorbereitet. Die Bedürfnisse nach Abwechslung, nach Neuem, nach Fremdheit schlummern in uns – das sind ganz natürliche Bestandteile der menschlichen Gattung. Daher verlangt das Treueversprechen einen mehr oder weniger aktiven Verzicht, je nachdem wie stark die Libido eines Menschen ausgeprägt ist. Dieser Verzicht kann so einschränkend sein, dass Menschen unglücklich werden, obwohl sie tiefe Gefühle der Liebe für ihren Partner oder ihre Partnerin empfinden.

Auch in emotionaler Hinsicht brauchen Menschen mehr als nur *eine* tiefe Verbindung. Was passiert, wenn dieser eine Mensch aus unserem Leben verschwindet, durch Tod oder Trennung? Wer fängt dich dann auf? Hast du Freunde, die für dich da sind? Hast du gelernt, dich emotional immer wieder neu zu verbinden? Wer das nicht übt, bleibt einsam und verloren, wenn die Liebe in die Krise gerät. Die Fixierung auf *eine* emotional tiefgehende Verbindung macht Menschen krisenanfällig. Das bedeutet, dass es nur eine einzige Möglichkeit für die Befriedigung der emotionalen Bedürfnisse gibt und dass es zu Überlastungssituationen in Paarbeziehungen kommt. Denn es kann anstrengend sein, wenn ich als Partnerin oder Partner allein als Ansprechperson für die Bedürfnisse des anderen da sein soll.

Die Monogamie führt außerdem dazu, dass ein Mensch nur bestimme Anteile von sich selbst zeigen und leben kann, nämlich jene, die mit der anderen Person übereinstimmen. Alles, was nicht kompatibel ist, wird verdrängt. Und genau das kann Menschen unzufrieden machen, wenn sie spüren, dass bestimmte Bereiche ihrer Persönlichkeit nicht willkommen sind.

Schließlich kommt dazu, dass manche sexuellen Bedürfnisse und Vorlieben gesellschaftlich anerkannt sind, andere jedoch verächtlich betrachtet oder sogar vehement abgelehnt werden, auch von der eigenen Partnerin oder dem Partner. Wenn ich nun auf bestimmte Reize reagiere und mich nach Erfüllung sehne, wie soll ich offen darüber sprechen, wenn ich Ablehnung erwarten muss? Ich habe dann die Wahl, entweder bestimmte Seiten in mir zu unterdrücken oder in den Schutz der Verborgenheit zu flüchten. Gerade Neigungen, die dem BDSM-Bereich zugeordnet werden, also sexuelle Praktiken mit dem Spiel von Dominanz und Unterwerfung, können häufig nur außerhalb des normalen sozialen Kontextes stattfinden.

Grundsätzlich steht hinter jedem Betrug der Versuch, ein bestimmtes unerfülltes Bedürfnis zu befriedigen. Die Tatsache, dass so viele Menschen fremdgehen, sollte uns nachdenklich stimmen. Denn es ist ein Indiz dafür, dass in vielen Beziehungen relevante Bedürfnisse nicht erfüllt werden können. Bedürfnisse werden tabuisiert, können nicht besprochen werden, bis sie sich irgendwann und irgendwie einen Weg zur Befriedigung suchen, notfalls eben heimlich.

Ein Betrüger oder eine Betrügerin ist ein Mensch, der es nicht schafft, all seine existenziellen Bedürfnisse im Einvernehmen mit den Regeln der Beziehung zu befriedigen. Hinter dem Betrug steht mindestens ein unerfülltes, aber wahrscheinlich nachvollziehbares, ja in sich genommen sogar *unschuldiges* Bedürfnis. Zum Beispiel das Bedürfnis nach *Freiheit* und *Autonomie*, einem zentralen Grundbedürfnis des Menschen. Oder das Bedürfnis nach *Selbstwirksamkeit*, sich unabhängig und autark zu fühlen und seine eigenen Entscheidungen zu treffen. Oder das Bedürfnis, *Anerkennung* und *Zuwendung* zu spüren, wenn es das in der eigenen Beziehung nicht ausreichend gibt.

Die hinter dem Betrug stehenden Bedürfnisse sind an sich nicht falsch oder schlecht. Was fragwürdig ist, ist die *Strategie*, mit der diese Bedürfnisse befriedigt werden sollen, weil sie nicht im Einvernehmen mit dem Partner oder der Partnerin festgelegt ist. Aber was soll ein Mensch tun, der in seiner Beziehung nicht sprechen kann? Der gar nicht weiß, wie er seine Bedürfnisse äußern kann, ohne ein großes Drama, Abwehr oder Verurteilung zu erleben? Diese Menschen ziehen sich zurück und sehnen sich trotzdem nach Befriedigung.

Das können wir nun abwerten. Es ändert jedoch nichts daran, dass hinter jedem Betrug ein menschliches Grundbedürfnis steht, das in der Vergangenheit nicht auf einvernehmliche Art und Weise befriedigt werden konnte. Und es ändert auch nichts daran, dass in der monogamen Beziehung bestimmte anerkannte Bedürfnisse – beispielsweise nach Sicherheit oder Exklusivität – zugunsten anderer vermeintlich weniger anerkannter Bedürfnisse – beispielsweise Spontaneität, sexuelle Freizügigkeit oder Abenteuerlust – unterdrückt werden. Und immer, wenn das der Fall ist, sucht sich das unterdrückte, relevante Bedürfnis einen Weg, um sein Recht zu bekommen. Welches Bedürfnis relevant ist, ist individuell verschieden und hängt von vielen Faktoten ab. Tatsächlich kann das jeder Mensch nur für sich selbst herausarbeiten.

Wenn wir Untreue verhindern wollen, müssen wir den Spieß umdrehen und fragen: *Wie könnte ein Beziehungsmodell aussehen, das diese unerlaubten Bedürfnisse nicht in den Schatten verdrängt, sondern den Raum für Verhandlung entstehen lässt?*

Wenn du nicht möchtest, dass die verdrängten Bedürfnisse ihr Eigenleben entwickeln und sich negativ auf deine Beziehung auswirken, dann mach dich auf die Suche nach deinen geheimen Wünschen und Träumen. Benenne sie. Erkenne sie. Das heißt nicht, dass du sie in jedem Fall auslebst, aber es heißt, dass du das Licht der Erkenntnis auf sie wirfst und ihnen damit die Chance gibst, sich aktiv zu äußern. Und dann beginnt die vorsichtige Suche, wie sich die relevanten Bedürfnisse befriedigen lassen.

Dabei sollte es keine Rolle spielen, welche Bedürfnisse von der Gesellschaft als richtig und wichtig anerkannt werden oder nicht. Warum sollte dein Bedürfnis nach Leidenschaft und Intensität weniger wichtig sein als das Bedürfnis nach Ruhe oder Sicherheit? Und warum wird dieses Sicherheitsgefühl durch die körperliche Exklusivität hergestellt, wo doch genau diese Exklusivität Ursache für so viele Betrugsfälle ist? Müsste man sich mit dem Wissen über die Schattenseiten der Monogamie nicht erst recht unsicher fühlen? Warum ist die körperliche und emotionale Exklusivität so bedeutsam, dass wir dieser Idee alle anderen Bedürfnisse unterordnen? Was ist schlimm, wenn mein Partner oder meine Partnerin auch liebevolle Gefühle für andere Menschen hat? Könnte ich mich darüber nicht auch freuen? Warum riskieren wir so bereitwillig, dass wir uns betrügen und belügen?

Die Antwort ist: Wir haben das so gelernt. Unsere Eltern haben es uns vorgelebt. In Film und Fernsehen wird auf diese Weise geliebt. Wir halten die monogame Liebe für normal, und wir entwickeln eine entspreche Moral dazu, die uns bestätigt, was gut und was schlecht ist. Aber was wir gelernt haben, können wir auch verlernen. Gerade dann, wenn wir erkennen, dass wir mit den alten Strategien nicht unser Ziel erreichen. Und das erklärt, warum sich mehr und mehr Menschen offenen oder polyamoren Lebensmodellen zuwenden und verstehen möchten, wie diese funktionieren.

Eine monogame Beziehung kann durch mehr Offenheit profitieren. Bevor du dich aber Hals über Kopf in sexuelle oder polyamoröse Abenteuer wirfst, lass mich bitte Folgendes klarstellen: Die Grundlage für ein gelingendes offenes Liebesmodell ist immer eine exzellente Liebesfähigkeit aller Beteiligten. Denn was für monogame Paare gilt, gilt für nichtmonogame Paare umso mehr. Wenn du Liebe weiterfasst, dein Herz für andere öffnest oder auch für erotische Erlebnisse bereit bist, dann musst du in der Lage sein, liebevolle Verbindungen zu schaffen und zu halten. Liebe bleibt auch in offenen Beziehungen nicht von allein bestehen, und nur weil bei Polyamorie »viel Liebe« draufsteht, ist noch lange nicht viel Liebe drin.

Offenheit und Selbstkenntnis schützen vor Untreue

Wenn es so ist, dass Betrug und Fremdgehen aufgrund von nicht befriedigten Bedürfnissen entstehen, dann ist die erste und wichtigste Aufgabe, dir über deine eigenen Bedürfnisse bewusst zu werden. Nicht jedes Bedürfnis muss sofort befriedigt werden. Aber jedes verdrängte und verleugnete Bedürfnis wird irgendwann zur Falle.

Daher ist eine zentrale Grundbedingung für eine glückliche Langzeitbeziehung eine bestimmte Form der Offenheit: die Offenheit, Bedürfnisse wahrzunehmen und zu besprechen. Wenn du offen über deine inneren Prozesse reden kannst, wenn du dich austauschen kannst und verstanden wirst, dann festigst du damit deine Bindung.

Bindung entsteht durch die Fähigkeit, dein Innenleben wahrzunehmen und für andere transparent zu machen. Beziehung entsteht, indem ihr euch wechselseitig auf das Innenleben des anderen *bezieht*. Je größer deine Offenheit nach innen ausgeprägt ist, desto klarer kannst du deine Bezugspunkte für den anderen sichtbar machen. Erst wenn ich weiß, wie du fühlst und denkst, kann ich mich entsprechend dazu verhalten und dir damit zeigen, dass ich dich kenne, verstehe und achte.

Offenheit vertieft Bindung. Sie ist die Grundlage für gute Beziehungen in jedem Modell – ob monogam oder nicht monogam. Offenheit ist besonders dann wichtig, wenn du aktuell in der Krise bist. Wenn ein Betrug aufgeflogen ist. Wenn du unsicher bist, ob du die Beziehung noch willst, wenn dein Sex eingeschlafen ist, wenn ihr nur noch streitet, oder wenn ihr versucht, eine monogame Beziehung für sexuelle Kontakte zu anderen zu öffnen. In jedem dieser Fälle beginnt die Erarbeitung eurer Lösung mit deiner Offenheit zu dir selbst.

Offenheit ist der Schlüssel, um unbefriedigte Bedürfnisse zu entdecken, bevor ein Betrug entsteht. Trau dich, über alle deine Ideen, Hoffnungen und geheimen Wünsche zu sprechen. Denn erst dann kannst du herausfinden, welche Wege der Befriedigung es geben könnte. Offenheit ist die Basis für Verstehen, Mitgefühl, Empathie und Unterstützung. Es ist die Voraussetzung dafür, dass wir aus Konflikten herausfinden und sich Liebe und Verbindung neu einstellen und vertiefen können.

Tatsächlich ist eine glückliche Reise als Paar in erster Linie eine Reise persönlicher Reifung. Eine Reise nach innen. Erst, wenn ihr euch einander öffnet, könnt ihr euch als Team verstehen, das es sich zur Aufgabe macht, ein schönes und erfülltes Leben zu leben. Wenn du in deiner Partnerschaft der Mensch werden kannst, der du wirklich bist, wenn du deine Träume verwirklichen kannst und sich der andere über deine Entwicklungen und Reifeprozesse freut, dann gibt es kaum noch die Möglichkeit für Betrug. Offenheit ermöglicht Selbsterforschung und Selbstkenntnis. Je besser du dich kennst, desto weniger groß ist die Gefahr, dass du unbewusst oder sehenden Auges in eine Betrugskrise schlitterst. Selbstkenntnis kann als die vielleicht wichtigste Ressource betrachtet werden.

Zur Verbesserung deiner Liebesfähigkeit empfehle ich dir, zukünftig deine Aufmerksamkeit auf folgende Aufgabenbereiche zu richten: dein konkretes Verhalten im Alltag, deine Kommunikation, deine emotionale Reife und deine Self-Care. All diese Aktivitäten schützen euch vor Untreue und machen langfristig glücklich. Daher setze dich in Ruhe hin und mache eine gründliche Bestandsaufnahme. Anschließend verabredet euch zu einem Gespräch über diese Fragen.

Was dein Verhalten im Alltag betrifft, kannst du dir folgende Fragen stellen:

- Wie strukturiert ihr als Paar euren Kontakt im Alltag?
- Wie zeigt ihr einander eure Wertschätzung?

- Welche Konflikte belasten die Beziehung aktuell?
- Welche Tabus habt ihr geschaffen, die euch an der Lösung der Konflikte hindern?

Zur Art der Kommunikation in deiner Beziehung überlege dir:

- Wie und worüber redet ihr im Alltag?
- Wann habt ihr Raum für ernsthafte Gespräche über euch und eure Wünsche?
- Gibt es Reflexionen zur Struktur im Alltag und regelmäßige Absprachen dazu?
- Welches Kommunikationsverhalten ist bei euch vorherrschend?

In Bezug auf deine emotionale Reife frage dich:

- Kannst du deine eigenen Gefühle hegen und positiv beeinflussen?
- Wie leicht lässt du dich von den Gefühlen der anderen beeinflussen?
- Wie und mit welchen »Tricks« sorgst du dafür, dass du *nicht* bekommst, was du brauchst?
- Wie stark ist dein Drang, es anderen recht zu machen?
- Wie stark ist dein Drang, dass du gerne recht haben möchtest?

Schließlich frage dich in Bezug auf deine Self-Care:

- Welche Self-Care-Praxis lebst du? Schau mal auf die Bereiche: Körpererleben, Gedanken und Selbstgespräch, Gefühlsleben, Schlafroutinen, dein eigener Raum, Gemeinschaft, Spiritualität und Seele.
- Wie ausbaufähig ist deine Praxis der Self-Care?
- Was möchtest du in Zukunft mehr für dich tun?
- Welche drei liebenswürdigen Eigenschaften schreibst du dir zu?

Ein guter und liebevoller Kontakt zu dir selbst sowie Wissen über dich, deine Muster, deine wunden Punkte, deine Überempfindlichkeiten, deine Gefühlstiefe, deine Schwächen, deine Eigenarten, deine Liebenswürdigkeiten und Ressourcen, all das ist die wichtigste Voraussetzung dafür, dass Liebe zu anderen wachsen kann. Finde heraus, welche Botschaften und Sätze du dir häufig sagst, welche Bewertungen du innerlich vornimmst, welche Erwartungen du an das Leben richtest und wie du agierst, um im Leben zu bekommen, was du dir erhoffst. Suche nach Selbstkenntnis.

Denn Selbstkenntnis und Persönlichkeitsentwicklung sind die wichtigsten Mittel gegen Krisen, und um in Krisen schnell und gut aus dem Tal des Jammers wieder herauszufinden. Auslöser für Krisen gibt es viele: wenn du dich im Stich gelassen fühlst oder keine Verbindung mehr zum anderen herstellen kannst, wenn es verbale oder körperliche Gewalt gegeben hat oder wenn eine Lüge aufgeflogen ist. Das Fremdgehen ist für viele Menschen der ultimative Betrug. Daher werde ich im nächsten Kapitel auf die Krise eingehen, die nach einem Betrug entsteht. Im Kern geht es darum, sich – trotz eigener Verletzungen – wieder in den anderen einfühlen zu können und herauszufinden, was jeweils für die Heilung benötigt wird.

Die verletzte Liebe
Wie es nach einem Betrug weitergehen kann

Martin mag seinen Beruf. Er hat nette Kollegen und ist gerne unterwegs. Es stört ihn nicht, dass er die meisten Nächte des Jahres in Hotels schläft. Er genießt diese Zeiten der Reise. Sie gehören zu ihm. Natürlich vermisst er seine Familie, aber er freut sich auf die Wochenenden. Sein Zuhause ist für ihn ein wichtiger Ort, zu dem er gerne zurückkehrt.

Martin vermeidet es, über Gefühle zu reden. Und es stört ihn auch nicht, dass die Gespräche zwischen ihm und Katja nicht mehr so sind wie früher. Im Grunde ist er zufrieden mit seiner Ehe. Nur eines macht ihm Kummer: der nicht mehr vorhandene Sex. Es gab einige Situationen, in denen er sich von Katja hart zurückgewiesen fühlte und schon seit einigen Jahren hat er das Gefühl, dass Katja ihn zwar von Zeit zu Zeit gewähren lässt, aber sie ihn eigentlich nicht mehr begehrt. Es ist ein beschämendes Gefühl. Er fühlt sich wie ein Bittsteller, ein Eindringling. Ein winziger Satz von Katja hat ihm dann den Rest gegeben: »Sei nicht so bedürftig, das ist würdelos.« Seitdem war auch bei ihm die Lust versiegt. Sie hatte recht, fand er. Seine Bedürftigkeit nervte ihn selbst. Es sollte Wichtigeres geben als Sex.

Doch dann kam Tanja. Von Anfang an war sie in der Firma beliebt. Sie war eine sympathische und lebendige, zierliche Frau mit wilden Locken und wunderschönen braunen Augen. Obwohl Tanja Quereinsteigerin war, kam sie mit allen Kollegen gut zurecht. Sie konnte witzig sein, aber auch ernst. Und auf sie war Verlass. Tanja wurde von vielen Männern umgarnt. Stets war sie freundlich, aber niemand hatte eine Chance bei ihr. Sie schien wählerisch zu sein.

Martin mochte sie vom ersten Tag an und einige Male war sie mit Fragen zu ihm gekommen. Es machte ihm Freude zu sehen, dass Tanja schnell lernte und sich schon bald den Respekt der ganzen Mitarbeiterschaft erarbeitet hatte. Sie war schon zwei Jahre in der Firma und Martin freute sich auf jedes Zusammentreffen.

Dann kam die Schulung. Drei Tage waren 90 Mitarbeiter aus drei Standorten in einem wunderschönen Hotel im Allgäu einquartiert. Tanja war dabei. Das Programm war dicht und intensiv. Doch die Abende waren frei. Gleich am ersten Abend fragte Tanja, ob er mit ihr spazieren gehen wolle. Warum nicht, dachte er, und ohne, dass er sich dessen richtig gewahr wurde, durchströmte ihn ein angenehmes Kribbeln. Es hatte geregnet und die Luft roch nach Neubeginn. Martin und Tanja liefen los und redeten ohne Pause. Sie verpassten die gesellige Runde der Kollegen, aber das war egal. Martin wusste nicht, woher das kam, aber er verspürte eine drängende Lust, von sich zu erzählen. Es war magisch. Die Art, wie Tanja ihn ansah. Wie sie lachte, wenn er sprach. Die Leichtigkeit, die von ihr zu ihm herüberflog. Die Zärtlichkeit, die von ihr ausging – dabei gab es keine einzige körperliche Berührung. Martin fühlte sich so wach und so angeregt wie seit vielen Jahren nicht mehr.

Als er abends im Bett lag, schmerzte sein Körper. Ein solches Gefühl hatte er noch nie zuvor gefühlt. Es war, als würde jede seiner Zellen nach Tanja rufen. Wie gerne wäre er einfach zu ihr gegangen. Aber Martin war ein Mann mit Prinzipien. Und so verwarf er den kindischen Gedanken und zügelte sein Verlangen.

Am nächsten Morgen beim Frühstück stand er am Büfett, als ihn Tanjas Blick streifte. Mitten in den Magen traf dieser Blick – wie Amors Pfeil. Martin grinste albern, murmelte irgendetwas und huschte schnell zu seinem Platz. Aber ab diesem Moment veränderte sich etwas in seinem Kopf. Er konnte sich nicht mehr konzentrieren. Keinen einzigen klaren Gedanken konnte er fassen. Mechanisch nahm er Teil an der Schulung, aber all seine Gedanken waren nur noch bei diesem zauberhaften Geschöpf. Danach begann eine heimliche Affäre. Vier lange Monate, bis Katja zufällig auf dem Handy eine Nachricht von Tanja aufblitzen sah.

»Du hast mich verraten!«, schreit Katja. »Du bist ein Feigling und ein schlechter Mensch!« Die Verletzung sitzt tief und Katja hat sich in ihren »Stachelpanzer« zurückgezogen. Das ist dieser Zustand, in dem sie aus Verletzung heraus gemeine Sachen sagt. Martin schweigt. Er hat nichts zu seiner Verteidigung zu sagen. Er weiß, dass er einen Fehler gemacht hat, als er sich ohne Rücksicht auf Katja mit Tanja eingelassen hat. Er erinnert sich noch gut an dieses Gefühl: »Das war so unsagbar anziehend und süß. Ich hatte das Gefühl, ich würde mein Leben verpassen, wenn ich jetzt nicht zugreifen würde. Trotzdem tut mir entsetzlich leid, wie viel Schmerz ich damit ausgelöst habe.«

Katjas Wut und Enttäuschung sind verständlich. Die Vorstellung vom Sex der beiden widert sie an. Sie kann nicht aufhören, die Bilder vor sich zu sehen. Sie fragt ständig nach mehr Details, die ihr Martin widerwillig gibt. »Ich will mir das nicht vorstellen«, sagt Katja, »aber es ist wie ein Zwang. Ich werde diese Bilder nicht los.« Katja fühlt sich von Martin fallen gelassen und wertlos. »War ich es dir nicht wert? Bin ich nicht mehr gut genug?«

Martin schaut hilflos zu Katja hinüber. »Doch, Katja, du bist wunderbar. Das hat doch gar nichts mit dir zu tun!« Doch dieser kleine Rettungsversuch kommt nicht an. Zu groß ist im Augenblick die Verletzung. Unvorstellbar auch die Idee, dass die Liebe zu Tanja nichts mit der Liebe zu

Katja zu tun haben könnte. »Du verliebst dich doch nur, wenn du in einer schlechten Beziehung lebst!«

»Ja, bei uns war irgendwann der Ofen aus, aber ich habe nie aufgehört dich zu lieben.« Martin klingt beinahe flehend. Es ist ihm anzusehen, dass er es ernst meint.

Katja ist kaum in der Lage, sich selbst zu beruhigen. Die Angebote der Nähe von Martin weist sie zurück. Katja hatte schon bei Freundinnen mitbekommen, dass sie betrogen worden waren. Aber nie hätte sie geglaubt, dass ihr Mann dazu fähig wäre. Es geraten nicht nur ihre Glaubenssätze ins Wanken, ihre ganze Identität wird infrage gestellt. Und was am schlimmsten ist: die Lüge. Denn auf einmal weiß Katja nicht mehr, ob sie ihren eigenen Sinneseindrücken Glauben schenken kann. Der einst feste Stern am Himmel hat keine Leuchtkraft mehr, und sie irrt irgendwo umher und möchte nur das Rad der Zeit zurückdrehen, möchte *ihren* Martin zurückhaben.

»Was habe ich denn nur falsch gemacht?«, fragt Katja mit Tränen in den Augen, und ich antworte ihr das, was ich meinen Klientinnen und Klienten häufig sage: »Ein Betrug ist kein Beweis dafür, dass eine Beziehung schlecht ist. Das kommt tatsächlich auch in völlig intakten Beziehungen vor. Ein Betrug ist ein Hinweis darauf, dass es unterdrückte und nicht offen besprochene Bedürfnisse gab oder gibt, die in der Beziehung gegenwärtig keinen Raum gefunden haben. Wie war denn eure Beziehung, bevor das alles passierte?«

»Eigentlich war doch alles gut …«, erzählt Katja. Doch während sie immer weitere Details über die zurückliegenden Jahre erzählt, werden auch ihr selbst die Risse erkennbar. Sie habe immer alles organisiert und zu Hause am Laufen gehalten. Ja, sie wäre schon hin und wieder einsam gewesen, aber dieser Tatsache schenkte Katja zunächst wenig Bedeutung. Sie hätten auch deutlich weniger Sex gehabt in den letzten Jahren. Martin hätte sich manchmal darüber beklagt, aber sie hätte das für nicht so wichtig gehalten. Sie könne auch ohne Sex gut leben. Einiges in den Erzählungen deutet auf verdrängte Bedürfnisse hin. Denn in gewisser Hinsicht waren Katja und Martin einsam und unbefriedigt. Aber keiner von beiden hat diese Einsamkeit ernst genommen oder in Worte fassen können. Es gab ein enges Netz aus Pflichten und gegenseitigen Anforderungen. Und was völlig fehlte, war der Raum für gemeinsames Reflektieren und aktive Veränderung. Als Martin die Spielregeln nicht akzeptierte und ausgebrochen ist, fiel auf einmal alles in sich zusammen.

Um aus dem Dschungel aus Verletzung, Anklagen, Schuldgefühlen, Vorwürfen und Zweifeln herauszufinden, brauchen Menschen in solchen Situation Beruhigung und Orientierung. Ich möchte deutlich machen, dass ein Betrug für alle Beteiligten einen Schock darstellt und dass auch die Täterinnen und Täter Verletzungen erfahren, auch wenn es häufig selbstverschuldete Verletzungen sind. Wenn der Betrug passiert, dann sind alle Betroffenen in einer massiven Krise. Wenn die Affäre auffliegt, dann ist das der Moment, in dem sich alles ändert – für alle Beteiligten.

Wir werden überrollt von Gefühlen. Gedanken rasen und drehen sich im Kreis. Alte und neue Muster setzen automatisch im Gehirn ein, fast so, als wären wir nicht mehr wir selbst. Mitunter fühlt es sich so an, als würde die Welt in einem Affentempo um uns herumwirbeln, während wir selbst mit einer inneren Lähmung kämpfen, die alles Bisherige in unserem Leben infrage stellt.

Der Moment fühlt sich für jeden Menschen anders an. Es macht einen Unterschied, in welcher Position ich bin: ob ich betrogen wurde, ob ich betrogen habe oder ob ich die dritte Person dieser Geschichte bin. Was jedoch alle in einem solchen Moment verbindet, ist die Erfahrung der Ohnmacht. Denn die aufkommenden Gefühle können so stark und komplex sein, dass sie uns überfordern und wir nicht mehr wissen, was wir tun sollen. Auch werden manchmal Erinnerungen an alte Verletzungen wach, die sich an den

Schmerz hängen und ihn intensivieren. Oft werden bei den betrogenen Personen negative Einstellungen sich selbst gegenüber wach – mit der Folge, dass sie sich selbst abwerten, sich nicht gut genug fühlen, nicht würdig, nicht liebenswert.

Menschen, die von einer solchen Krise betroffen sind, egal in welcher Position, können häufig nur noch reagieren, aber das Gefühl für die eigene Handlungsfähigkeit ist nicht mehr da oder zumindest stark eingeschränkt. Und tatsächlich sind alle Beteiligten abhängig von der Reaktion der anderen und jeder kann nur hoffen, dass ihm oder ihr mit Wohlwollen begegnet wird, dass man Empathie erfährt und der Wille da ist, einen gemeinsamen Weg zu finden.

Trotz der inneren Überforderung müssen wir wieder handlungsfähig werden, wenn wir diese Krise meistern wollen. Und die gute Nachricht dabei ist: Dieser Moment, der gerade deine Welt auf den Kopf stellt, wird Veränderung in dein Leben bringen – so oder so. Du hast es selbst in der Hand, ob du die Chancen für dein Leben ergreifen willst und in welche Richtung du die Weichen stellen wirst. Eine Affäre ist nicht das Ende der Beziehung. Wenn du deine aktuelle Erfahrung richtig nutzt und dich mit deinen Bedürfnissen und Wünschen mutig einbringst, dann wird dieser Moment deine Beziehung vertiefen und für die Zukunft stärken.

Wenn du betrogen wurdest

Wenn du betrogen wurdest, geht in dir etwas Wertvolles kaputt: dein Vertrauen. Weil du belogen wurdest, hältst du es nun für notwendig, alles zu hinterfragen. Du kannst nicht mehr einfach glauben und vertrauen, du *musst* misstrauisch sein. Du musst überall Hinweise finden, die vielleicht auf weitere Lügen hindeuten. Wer diese Erfahrung selbst gemacht hat, der weiß, wie grauenvoll sich diese Verunsicherung anfühlt. Denn wo wir vorher entspannt waren, ist jetzt der quälende Zweifel präsent: Was ist wahr und was ist unwahr? Was übersehe ich gerade? Wir schauen unseren Partner oder unsere Partnerin mit anderen Augen an. Wir fühlen anders, wenn wir ihn oder sie betrachten, und wir haben keine Gewissheit mehr, dass die Liebe zwischen uns alle Herausforderungen meistern wird. Da ist ein Knacks. Ein heftiger Knacks. Und der verletzt uns da, wo wir am verwundbarsten sind: im Kern unseres Wesens, in unserer Identität.

Schlimmer noch als die sexuelle Untreue wirkt eine noch viel tiefergehende Sache: die Lüge. Der oder die Betrogene muss seine Vorstellung über sich selbst und den Partner oder die Partnerin neu zusammensetzen. Er oder sie muss damit umgehen lernen, dass die gemeinsame Vergangenheit zumindest in Teilen, vielleicht aber auch über weite Strecken, nicht so war wie gedacht. Er oder sie muss sich sortieren und lernen, mit einer Vielzahl von neuen Gefühlen und automatischen Verhaltensmustern zurechtzukommen. Welche Mühen das macht, ist den wenigsten bewusst.

Und daher beginnt der erste Schritt in die richtige Richtung mit einer schonungslosen Aufklärung darüber, welchen seelischen Schaden du als betrogener Mensch erlitten hast. Deine Verletzung ist zugleich komplex und äußerst spezifisch. Bevor du auch nur an Heilung oder Vergebung denken kannst, braucht es eine ehrliche Bestandsaufnahme, einen Schadensbericht. Erst danach wird es möglich sein zu erkennen, was du zur Heilung benötigst. Das Fatale an solchen Erlebnissen ist oft, dass sie nicht nur in der Gegenwart schmerzen, sondern dass dadurch häufig alte Traumata wachgerufen werden. Neue Schmerzen mischen sich mit alten Schmerzen. Plötzlich setzen uralte Muster ein, Schutzreaktionen, die aus einer anderen Verletzungserfahrung stammen. Wenn du spürst, dass dein Gegenüber damit anfängt, dich zu verstehen und das volle Ausmaß deiner Katastrophe zu erfassen, erst dann wird es für dich möglich werden, auch die Perspektive des anderen und sogar die der dritten Person in den Blick nehmen zu können. Du wirst auch mit mehr Gelassenheit hinschauen können, welche alten Wunden dein aktuelles Erleben intensivieren, und du kannst die Chance ergreifen, diese alten Wunden in dir heilen zu lassen. Wenn du in diesem Moment Mitgefühl für dich empfindest und dich mit deinem Schmerz so zeigst, dass du von anderen gesehen und verstanden werden kannst, dann machst du eine Erfahrung, die du als Kind häufig nicht machen konntest: Du kannst dir helfen und bleibst nicht allein mit deinem Kummer.

Diese Erfahrung ist heilsam. Du bist heute einer schlimmen Erfahrung nicht mehr hilflos ausgeliefert. Du bist erwachsen und kannst deine Ohnmacht beenden, indem du aktiv wirst. Beginne täglich zu schreiben, benenne deine Gefühle, erkenne deine Bedürfnisse, suche den Austausch mit Freunden und Familie und übe dich täglich in positiver Selbstbestärkung. Du kannst beispielsweise liebevoll zu dir selbst sagen: »Du hast allen Grund für Kummer, Liebes. Diese Verletzung verdienst du nicht. Du bist ein wundervoller und einzigartiger Mensch.« Meditiere oder genieße die Stille, bewege dich regelmäßig, schlafe viel, ernähre dich gesund und zeige dich mit deinem Schmerz. Tu all die Dinge, die dir spontan guttun, und sei es dir selbst wert, dass du ganz besonders verständnisvoll und rücksichtsvoll mit dir umgehst.

Sicher ist es zu Beginn deines Schocks zu früh, aber irgendwann wird es möglich und auch nötig sein, dass du die anderen Perspektiven in diesem Konflikt zur Kenntnis nimmst. Tatsächlich tut es gut, wenn du dir irgendwann anschauen kannst, was auf der anderen Seite los ist, denn da ist die Welt auch nicht in Ordnung. Und vieles hat gar nichts mit dir zu tun. Es hat mit den anderen und ihren verborgenen Sehnsüchten und Verwundungen zu tun. Lass uns gemeinsam auf die andere Seite blicken.

Wenn du betrogen hast

Wenn du betrogen hast, bist du zwar in einer anderen Rolle, aber deine Situation ist keineswegs einfacher. Du bist ebenfalls mit vielen und mitunter heftigen Gefühlen konfrontiert. Oft steht ein großes Schuldgefühl im Vordergrund, aber auch der Verlust von Sicherheit und Liebe. Du sagst dir selbst, dass du ein schlechter Mensch bist, weil du deinen Herzensmenschen verletzt hast, obwohl du ihn liebst oder zumindest geliebt hast. Du weißt selbst nicht so genau, wie das alles passieren konnte.

Gleichzeitig sind in dir Gefühle für einen anderen Menschen entstanden – oder zumindest konntest du bestimmte Bedürfnisse mit diesem anderen Menschen befriedigen. Vielleicht versuchst du das zu leugnen. Vielleicht verwirren dich diese Gefühle. Vielleicht trauerst du um den Verlust der besonderen Verbindung zu deinem Partner oder deiner Partnerin. Vielleicht ist aber auch alles taub und stumm in dir, weil du so viel Durcheinander nicht ertragen kannst.

So oder so, du ringst mit widersprüchlichen Gefühlen und Wünschen, und es ist nicht ungewöhnlich, dass auch du infolge des Betrugs in eine Identitätskrise schlitterst. Denn wahrscheinlich hast du es selbst nicht für möglich gehalten, dass du so handeln und fühlen würdest. Du hast die Situation mit all ihren Konsequenzen falsch eingeschätzt. Du hast dich auch in dir selbst getäuscht.

Wenn du die Krise produktiv bewältigen willst, dann kommst du nicht darum herum, dein Handeln zu ergründen und zu fragen, welche unerfüllten Bedürfnisse du dir mit deiner Affäre erfüllt hast. Vermutlich bist du ein empfindsamer Mensch mit ungesehenen Hoffnungen und Sehnsüchten. Jemand, der nicht ausreichend gut für sich selbst gesorgt hat. Du hast vielleicht gelernt, dass du dich oft hintanstellen oder verbiegen musst, um anderen zu gefallen und ihren Wünschen zu entsprechen. Da war in der Vergangenheit zu wenig

Raum in deinem Leben für manche deiner ureigensten Wünsche. Menschen suchen instinktiv nach neuen Erfahrungen und Impulsen. Weil wir über diese Bedürfnisse nicht gelernt haben zu sprechen und weil wir uns das oft nicht zugestehen wollen, entsteht die Notwendigkeit zum Betrug und zur Heimlichkeit.

Was ich damit sagen will: Bitte geh nicht zu hart mit dir ins Gericht. Du bist Mensch. Genau wie deine Partnerin oder dein Partner. Ihr bringt euch beide mit euren Stärken und Schwächen in die Beziehung ein. Und das, was euch gerade geschieht, ist zwar schmerzhaft, aber im wahrsten Sinne menschlich.

Sicherlich leidest du darunter, welche Schmerzen und Verletzungen dein Verhalten für alle Beteiligten zur Folge hat. Du brauchst dich nicht zusätzlich zu verurteilen. Je mehr Verständnis und Mitgefühl du für dich selbst aufbringen kannst, desto eher wirst du deiner Partnerin oder deinem Partner beistehen können.

Denn tatsächlich ist der erste und wichtigste Schritt, dass ihr miteinander die Verwundungen betrachtet, die entstanden sind. Und dabei wird zunächst die Verletzung des anderen im Mittelpunkt stehen. Du wirst vermutlich bald sagen: »Ich habe mich entschuldigt. Jetzt muss das doch mal gut sein. Ich habe meinen Fehler doch eingesehen.« Aber an dieser Stelle muss ich dich enttäuschen. Du brauchst jetzt Geduld – viel Geduld. Denn die Aufgabe, die auf euch wartet, ist groß. Stell dich bitte darauf ein, dass der Heilungsprozess für euch beide lange – vielleicht sogar Jahre – dauern wird. Eure alte Beziehung ist vorbei. Das müsst ihr jetzt beide einsehen und verkraften. Erst danach könnt ihr in die Zukunft – auf das Neue – blicken.

Wenn du die dritte Person bist

Zu einer Affäre gehören drei Menschen. Manchmal wird der dritte Part einer Affäre selbst betrogen, wenn er nichts von der festen Beziehung wusste. Wenn dies so ist, dann gibt es meist nur wenig Chancen auf eine Fortsetzung nach dem großen Erwachen – weil du dich nicht darauf verlassen kannst, dass dir offen und ehrlich begegnet wird.

Meistens ist die dritte Person jedoch im Bilde und weiß, dass es eine feste Bindung der anderen Person gibt. Je nachdem, wie das bei dir aussieht, bist du natürlich auch vor eine große Aufgabe gestellt. Denn vielleicht hoffst du gerade, dass die Beziehung der anderen endet und für dich aus der Affäre eine Beziehung wird. Vielleicht hoffst du, dass es auch ohne eine Trennung für dich einen Platz im Leben des anderen geben wird, wie auch immer dies aussehen kann.

Klar ist jedoch: Nach dem Auffliegen der heimlichen Affäre ist auch für dich nichts mehr, wie es war. Die Heimlichkeit hat dir Schutz gegeben. Jetzt bist du den Blicken und Urteilen der anderen ausgesetzt. Eure schmetterlingsgleiche Verbindung verändert sich schlagartig. Du bist aus der Sicht der betrogenen Person der Eindringling. Du wirst mit entsprechend viel Ablehnung und Verurteilung umgehen müssen, obwohl deine Affäre vielleicht das zarteste und kostbarste Erlebnis war, das du seit Langem hattest. Auch die Anziehung zwischen dir und deiner Affäre wird sich jetzt verändern, denn jetzt stimulieren nicht mehr die Neugier, die Leichtigkeit, das Abenteuer. Jetzt diktierten der Schmerz, die Wut und der Hass das Geschehen.

Im besten Falle kannst du auf der freundschaftlichen Ebene für den anderen da sein – mit Verständnis und Empathie. Ob du das kannst, hängt von deiner eigenen Verwundung ab. Denn auch du verlierst etwas, das dir viel bedeutet hat. Und auch du hast ein Recht auf deine Gefühle, deine Wünsche, deine Sehnsüchte und deine Trauer. Trotzdem solltest du nicht hoffen, dass die Affäre weitergehen wird, denn das wird sie wahrscheinlich nicht. Dass sich ein Liebeskonstrukt findet, bei dem alle Beteiligten sich gegenseitig weiterhin lieben und begehren können, ist zwar theoretisch möglich, aber aufgrund der entstandenen Verletzungen eher unwahrscheinlich. Was sich aus der Affäre entwickeln kann, hängt von der Konfliktbewältigung aller Beteiligten ab. Davon, mit wie viel gegenseitigem Verständnis und Großmut ihr mit den Verwundungen und Grenzen der anderen umgehen könnt.

Vielleicht tröstet dich folgender Gedanke: Du hast etwas Besonderes in deiner Affäre erlebt und dieses Schöne darf in deinem Herzen sein. Versuche, Erfahrungen und Erkenntnisse für dein Leben mitzunehmen, aber nicht an der realen Beziehung festzuhalten. Finde Trost bei Freunden und Familie und bleibe mit deinem Kummer nicht allein.

Als Martin seiner Frau die Liebesbeziehung zu Tanja beichtet, können sich beide nicht ausmalen, was in weiterer Folge geschehen wird. Martin hatte so starke Gefühle für Tanja entwickelt, dass er allein beim Gedanken an einen Abschied fast die Fassung verlor. Ja, er liebte auch Katja, aber diese Liebe fühlte sich anders an. Weniger leidenschaftlich, eher partnerschaftlich, nicht verliebt, aber doch getragen von Zuneigung und einem Gefühl der Zugehörigkeit. Er fühlte sich erbärmlich, weil er fand, dass Katja das alles nicht verdient hatte. Und trotzdem zerriss ihm der Gedanke fast das Herz, dass er sich zwischen beiden Frauen entscheiden müsste.

Das Umfeld der beiden reagierte, wie es in der Gesellschaft heute üblich ist: »Schmeiß den Kerl raus!«, riet Monika und schüttelte den Kopf. Aber Katja hatte Zweifel. Ja, es war auch ihr erster Impuls gewesen, aber ihre Gefühle sagten eindeutig etwas anderes. »Er bemüht sich so sehr um mich. Und es tut mir leid, ihn so leiden zu sehen. Er wirkt wie verloren.«

Zunächst zieht Martin aus. Beide beschließen, dass es das Beste ist, wenn sie Abstand halten. Durch eine Empfehlung von Freunden landen sie bei mir. Wir beginnen eine Paartherapie, und ab sofort haben die zwei einen festen Termin pro Woche, den beide ernst nehmen. Zunächst steht Katjas Verletzung im Vordergrund. Dass Tanja immer noch in Martins Leben ist, ist keine große Hilfe.

Katja weint viel. In manchen Momenten wirkt sie, als würde sie überlaufen. Als wäre da ein unterirdischer See, dessen Dämme auf einmal gebrochen sind. Sie gibt ihren Gefühlen Worte. Sie fühlt ein tiefes Versagen in sich, als ob »der liebe Gott« ihr zeigen will, dass sie keine gute Frau ist. Dabei hatte sie sich immer so für die Familie aufgeopfert. Das Gefühl von Ungerechtigkeit kommt hoch – und dann irgendwann eine große Wut. Sie wechselt immer wieder von Traurigkeit zu Verzweiflung, dann wieder zu Aggression und Angriffslust. Sie sagt erniedrigende und abwertende Worte zu Martin. Ein »Pimpf« sei er und ein Feigling. Ich deute das als Versuche, die Kontrolle zurückzuholen und ein Gefühl der Überlegenheit herzustellen. Aber all das scheint nichts zu nützen, bis wir auf die richtige Spur kommen.

Denn auch bei Katja passiert etwas, das fast immer eintritt: Plötzlich melden sich alte Wunden, alte Traumata, und alle daraus resultierenden Gefühle sind wieder da. Die Verlassenheit, die Verzweiflung, das Bodenlose. Neuer und alter Schmerz vermischen sich. Als Katja zwei Jahre alt war, verließ der Vater die Familie. Die Mutter verfiel in eine tiefe Traurigkeit und begann, Alkohol zu trinken. Katja fühlte sich für ihre Mutter verantwortlich und blieb mit ihrer eigenen Einsamkeit hilflos und allein. Erst als Katja entdeckt, dass sie diese alte Verzweiflung spürt und auf den Betrug emotional wie ein verzweifeltes kleines Kind reagiert, werden ihre Prozesse klärender, ihr emotionales System fängt an, sich zu beruhigen. Und es beginnt der Heilungsprozess.

Martin hat viele Fehler gemacht. Aber eine Sache macht

er gut. Er öffnet seine Tür – richtig weit. Er zeigt sich mit seinen Gefühlen, seinen Hoffnungen und Wünschen, und er betont immer wieder, dass er Katja liebt. »Was soll das heißen?«, fragt Katja unwillig. »Wenn du Tanja liebst, wie kannst du dann sagen, dass du mich liebst?« Martin sammelt sich und dann sagt er den entscheidenden Satz: »Ich liebe unseren Sohn über alles, aber ich liebe auch unsere Tochter. Ich liebe beide. Ich liebe sie nicht gleich. Aber ich liebe sie beide. Kannst du das nicht verstehen?«

Zum ersten Mal öffnet sich auch bei Katja eine Tür. Ich kann in ihren Augen sehen, wie sich ein Schalter umlegt. Zum ersten Mal hat sie für einen kurzen Moment das Gefühl, dass sie wieder klarsehen kann. Für einen Moment sieht sie ihren Mann wie früher, als sie sich sehr nah waren und über vieles miteinander gesprochen haben. »Also, du meinst, du liebst mich trotz deiner Liebe zu Tanja? Darüber muss ich nachdenken.«

Eine Affäre überleben – wie geht das?

Eine Affäre ist nicht automatisch das Ende der Beziehung. Wenn du es richtig angehst, dann wirst du die Krise als Wendepunkt in deinem Leben wahrnehmen: ein Wendepunkt, der dich erkennen lässt, was in deiner Beziehung bislang gefehlt hat, welche alten Wunden noch nicht verheilt sind und wie du dein Leben künftig neu ausrichten willst.

Wenn du dich der Herausforderung stellst, den Schmerz zulässt, ihn durchlebst und dich mutig auf die Entdeckung verborgener Wünsche einlässt, dann wirst du mit Sicherheit an dieser Aufgabe wachsen – und deine Beziehung hat alle Chancen auf ein wunderbares Comeback.

Ich unterscheide fünf Phasen, die bei der Bewältigung

jeder schmerzhaften Verletzung durchlaufen werden müssen. Es geht dabei um das Fühlen, Reflektieren, Handeln, Befreien und Wachsen. Diese Phasen laufen nicht voneinander getrennt hintereinander ab, sondern sie überlagern sich und kommen mehrfach vor. Am Anfang des Bewältigungsprozesses stehen das Fühlen und das Reflektieren im Vordergrund. Je weiter der Verarbeitungsprozess voranschreitet, desto mehr kommen das Handeln, das Befreien und schließlich das Wachsen ins Spiel.

Es ist wichtig, dass du dir bewusst machst, welche Phasen es grundsätzlich braucht. Du kannst in deinem Prozess immer wieder fragen: Habe ich jede Phase schon ausreichend für mich erlebt oder muss ich in einer länger verweilen? Das hilft insbesondere dann, wenn ihr nicht vorwärtskommt oder Rückschritte macht.

Phase 1: Fühlen – was ist verletzt? Wie stark ist die Verletzung?

Zu Beginn des Prozesses ist eine Bestandsaufnahme notwendig. Zunächst müssen alle Beteiligten das Ausmaß des Schadens ernsthaft betrachten und verstehen. Zu Beginn wird der Schmerz des oder der Verletzten im Mittelpunkt stehen. Es geht darum, die Gefühle und Verhaltensmuster, die der Schock ausgelöst hat, zu benennen, zu erfassen, zu sortieren und dem Fühlen Raum zu geben. Ein Gefühl will kommen, da sein, gesehen und verstanden werden und dann in seinem eigenen Tempo abebben. Wenn du das zulässt, dann passiert das von allein. Gefühle kommen von selbst. Tränen, Schreien, Wimmern, Schluchzen, Schimpfen: Alles ist erlaubt. Schaffe dir sichere Räume, in denen du ungestört bist. Und wiederhole das. Es reicht nicht aus, einmal zu weinen. Du wirst viele Male weinen, wenn du deinem Körper und deiner Seele die Möglichkeit geben willst zu verarbeiten.

Freu dich über deine Tränen. Sie reinigen dich, sie geben dir Kraft. Tränen sind Freunde, nicht Feinde.

Es ist hilfreich, wenn der oder die Betrogene einen schriftlichen »Schadensbericht« verfasst. Auch heftige Gefühle wie Wut, Verzweiflung und Groll haben hier ihren Raum. Ermögliche dir, deine Wut körperlich auszudrücken. Das geht auch beim Sport oder im Wald, wo du einen Urschrei machen kannst. Oder nimm ein Kissen und schlage deine Wut mit deinen Fäusten hinein.

Die Aufgabe desjenigen, der betrogen hat, ist es zuzuhören, hinzuhören, Anteil zu nehmen. Wenn du betrogen hast, präge dir diese Haltung ein: »Ich sehe dich mit deinem Schmerz und deiner Verwundung, und du darfst deine Gefühle mit mir teilen.« Deine Aufgabe ist es, die Gefühle des anderen auszuhalten. Es ist wichtig, dass du dabei nicht in eine Verteidigungs- oder Abwehrhaltung gehst, sondern dass du versuchst, die Gefühle des anderen liebevoll zu begleiten. Das kann schwer sein und ist keine leichte Aufgabe. Es wird länger dauern, als du das gerne hättest. Die starken Gefühle verschwinden nicht einfach, nur weil sie einmal ausgedrückt worden sind. Es geht um die tatsächliche Anerkennung dessen, was das eigene Verhalten beim anderen ausgelöst hat. Häufig haben die Betrügerinnen und Betrüger den Wunsch, der Schmerz möge schneller vorbeigehen und man solle einen Schlussstrich ziehen. Aber diese Hoffnung muss ich dir nehmen. Dieser Prozess braucht Zeit und lässt sich nicht durch Druck oder Ungeduld beschleunigen.

Um die Heftigkeit der Schmerzen verstehen zu können, ist es hilfreich zu wissen, dass beim Erleben einer schweren seelischen Verletzung mitunter Prozesse im Gehirn in Gang kommen, die an weit zurückliegende alte Verletzungen anknüpfen – so wie das bei Katja der Fall war. Deshalb ist der Selbstwert eines betrogenen Menschen häufig stark angegriffen, weil neben der frischen Verletzung auch alte Wunden und negative Selbstbewertung an die Oberfläche kommen. Wenn du das weißt, kannst du die starken Gefühle des anderen vielleicht besser akzeptieren und zuversichtlicher begleiten.

Häufig sagen mir Menschen, die betrogen wurden: »Ich kenne mich selbst nicht mehr. Ich habe mich nicht mehr im Griff. Meine Gefühle überschwemmen mich. So habe ich mich seit meiner Jugendzeit nicht mehr gefühlt.« All das sind normale Reaktionen. Wenn das bei dir so ist, dann kannst du dich beruhigen. Ich empfehle dir, diese Gefühle so gut es geht da sein zu lassen und dir selbst gegenüber Mitgefühl auszudrücken. Es geht nicht um Selbstmitleid, sondern um fürsorgliche Anteilnahme – verstehende Anteilnahme. Sage dir selbst: »Das, was ich gerade erlebe, tut scheußlich weh. Und ich tue mein Bestes, um damit gut umzugehen.«

Ihr beiden werdet euch nicht für immer so fühlen. Ihr werdet Wege finden, auch wenn du jetzt denkst, dass es niemals wieder gut wird. Gib euch Zeit. Vertraue in eure Selbstheilungskräfte: Die Gefühle werden abklingen, sie werden sich verändern und sie werden euch bei der Bewältigung helfen, indem sie Entwicklung anstoßen.

Phase 2: Reflektieren – wie ist es dazu gekommen?

Wenn die Gefühle sich sortiert und gesetzt haben, wird im Kopf Raum frei, um über die Situation als Ganzes nachzudenken. Und zwar für alle Beteiligten. Es wird jetzt möglich, dass wir auch die Seite desjenigen betrachten können, der den Betrug begangen hat. Auch seine Verwundung kann langsam wahrgenommen werden. Gespräche über den Betrug werden möglich, und über die Hintergründe der Ereignisse kann reflektiert werden.

Setzt euch zusammen und beantwortet diese Fragen: Wie war eure Beziehung, als die Affäre anfing? Was waren die Umstände dafür, dass sich diese Geschichte ereignen konnte?

Gab es Konflikte, die die Beziehung belastet haben? Gab es Bedürfnisse, die sich nicht befriedigen ließen? Warum musste derjenige, der betrogen hat, zu einer Lüge greifen? Welche Ängste und Befürchtungen haben zum Lügen geführt? Was war so reizvoll und schön, dass dieser Seitensprung passieren konnte? Und wie hat der Betrogene selbst womöglich dazu beigetragen, dass sich diese Geschichte so ereignet hat? Wurden Themen wie sexuelle Abenteuerlust, Einsamkeit in der Beziehung oder Eifersucht tabuisiert? Hat es zu wenig Gespräche über Bedürfnisse, Sehnsüchte und Wünsche gegeben?

Für die Verarbeitung des Prozesses ist es hilfreich, wenn wir den anderen und uns selbst nicht negativ bewerten. Wenn wir von Vorwürfen wegkommen und stattdessen nachvollziehen und verstehen wollen, wie es dazu kommen konnte, dann haben wir eine wichtige Etappe hinter uns gebracht. Die Frage nach Schuld ist niemals hilfreich. Schuldzuweisungen führen dazu, dass du dich selbst und andere abwertest. Und damit findet ihr nicht zueinander, sondern treibt euch voneinander weg.

Phase 3: Handeln – wie kann ich meine Bedürfnisse erfüllen?

Die in Phase 2 durchgeführten Reflexionen machen die Schwachstellen und die blinden Flecken der Beziehung deutlich. Ihr habt nun erkannt, welche die jeweiligen Knackpunkte sind, für die ihr in der Zukunft neue Verhaltensweisen braucht. Meistens geht es dabei darum, dass wir unsere Bedürfnisse schneller erkennen und besser kommunizieren können. Wir sind in Beziehungen dann langfristig glücklich, wenn wir entsprechend unserer Werte leben und unsere Träume verwirklichen können. Also frage dich: Was sind die Träume meines Lebens? Was will ich erleben? Was will ich mir erschaffen?

Für die Bedürfnisbefriedigung ist jeder Mensch selbst verantwortlich. Beide müssen üben, Wünsche zu kommunizieren und dafür zu sorgen, dass sie bekommen, was sie ersehnen. Und es gehört auch dazu, dass du feststellst: Nicht alles, was du ersehnst, kann dir dein Partner oder deine Partnerin erfüllen. In einem Gespräch sollte es deshalb darum gehen, wie du dir deine Sehnsüchte auch unabhängig von deinem Partner oder deiner Partnerin erfüllen kannst. Das ist nicht immer einfach, aber lohnend. Dabei entsteht für beide Seiten ein neuer Freiraum für Handlung. »Liebe machen« kommt von *machen*. Insofern ist dein aktives Tun viel entscheidender als alles andere.

Phase 4: Befreiung – wie kann ich verzeihen?

Wenn du nun deine Gefühle empfinden und benennen konntest, wenn du Verständnis erfahren hast, wenn du Anteilnahme und auch das aufrichtige Bedauern deines Gegenübers gespürt hast, wenn du gesehen hast, welche verborgenen und unbewältigten Konflikte zum Entstehen der Affäre beigetragen haben, dann ist es an der Zeit zu vergeben. Wichtig ist auch, dass du verstehst, dass du durch bestimmte Verhaltensweisen selbst zur Dynamik beigetragen hast.

Verzeihen ist deshalb so wichtig, weil du im Akt des Verzeihens dir selbst die Erlaubnis gibst, den Ärger und den Groll loszulassen. Solange du an Ärger und Groll festhältst, wird dein Gehirn immer wieder die Schmerzen der Ursprungswunde in den Vordergrund schieben. Dein eigenes Festhalten am Vorwurf hält dich im Zustand der Verwundung gefangen.

Manchmal halten Menschen an der Verletzung fest, weil es ihnen eine Machtposition gegenüber dem Partner oder der Partnerin gibt. Da dieser oder diese sich meistens schuldig fühlt, ist er oder sie erpressbar und ein moralisches Ungleichgewicht entsteht. Es braucht irgendwann den Schritt, die Verletzung aktiv loszulassen und sich wieder auf Augenhöhe zu begegnen. Ohne diesen Schritt gelingt die Heilung nicht. Wenn du spürst, dass dich etwas vom Verzeihen abhält, dann stell dir bitte folgende Fragen: Was befürchte ich, wenn ich den Groll loslasse? Wovor schützt mich mein Groll? Was brauche ich, um den Groll loszulassen?

Es ist wichtig, dass du nicht erwartest, dass du nie wieder verletzt werden wirst. Das ist unrealistisch. Verletzungen gehören zum Leben dazu. Du kannst lernen, besser damit umzugehen, indem du übst, flexibler und angemessener zu reagieren. Aber wenn du einen Beweis dafür verlangst, dass dir dein Partner oder deine Partnerin in Zukunft nie mehr so wehtun wird, dann wirst du in deinem Groll verharren. Denn diese Sicherheit gibt es nicht. Insofern ist die Entscheidung zu verzeihen immer eine Entscheidung, deine Verletzlichkeit zu akzeptieren und deinen Groll und Ärger loszulassen. Du akzeptierst, dass dein Partner oder deine Partnerin Fehler macht, und du vertraust darauf, dass ihr es beim nächsten Mal besser machen werdet. Wenn du so weit bist, dann sage zu deinem Gegenüber: »Ich lasse meinen Ärger und meinen Groll los, weil ich sehe, dass auch du nur ein Mensch bist. Auch ich habe Fehler gemacht. Ich weiß, dass ich verwundbar bin. Ich verspreche mir, dass ich selbst in Zukunft auf mich aufpasse, indem ich meine Gefühle und Bedürfnisse frühzeitig äußere. Ich verzeihe dir.«

Manchmal kommt der Groll zurück. Wenn du das merkst, dann stelle fest, dass er wieder da ist und finde erneut eine Haltung, mithilfe derer du den Groll loslassen kannst. Statt am Groll festzuhalten, frage dich: »Wie können wir einander Gutes tun, um für beide Verständnis und Entwicklung zu ermöglichen?« Mache dir bewusst: Indem du deinem Gegenüber verzeihst, kannst du auch dir selbst gegenüber milder und verzeihlicher werden.

Phase 5: Wachsen – wie soll die Beziehung weitergehen?

Nach dem Verzeihen ist der Zeitpunkt gekommen, um sich über Werte und Prinzipien neu zu verständigen, die in Zukunft die Beziehung tragen sollen. Es geht darum, die sinnvollen Strukturen der Couple-Care zu erarbeiten, um sicherzustellen, dass eine solche Verletzung des Vertrauens niemals mehr stattfinden muss, und um die Bedingungen für Glück und emotionale Reife optimal zu schaffen.

Zum Wachsen gehört, dass ich mein Vertrauen aktiv wieder entstehen lasse. Vertrauen ist nicht etwas, das mir jemand (zurück-)geben kann. Vertrauen ist eine innere Entscheidung. Das ist auch dann der Fall, wenn das Verhalten eines anderen dein Vertrauen zerstört hat. Vertrauen ist der Entschluss, dass du den Worten des anderen glauben willst. Es ist die Erwartung, dass du in Zukunft auf dein Bauchgefühl und deine Intuition vertrauen kannst und dass du schneller die richtigen Handlungen ergreifst, wenn sich Gefahren ankündigen.

Vertrauen heißt nicht, *blind* zu vertrauen. Vertrauen sollte die Risiken kennen und einen adäquaten Umgang mit diesen Risiken anstreben. Natürlich geht es darum, dass ihr aus euren Fehlern lernt und bestimmte Handlungen nicht wiederholt. Aber ihr werdet neue Fehler machen und ihr solltet euch versprechen, dass ihr trotz neuer Fehler auf eine gesündere Art und Weise miteinander umgehen werdet. Die schönste Definition von Vertrauen kommt von der Psychotherapeutin Esther Perel, auf die ich gerne zurückgreife. Sie sagt: »Vertrauen ist ein als Versprechen getarntes Risiko.« Das trifft ins Schwarze. Denn mit Vertrauen verbindet sich das Versprechen, dass wir mit den Risiken so umgehen werden, dass wir einander möglichst nicht verletzen. Es ist also ein Versprechen, mit Gefahren gut umzugehen.

Oft werde ich gefragt: Können Paare so schwere Krisen wirklich überstehen? Die Antwort ist einfach: Ja. Du musst dich auf einen mühevollen Weg einstellen, der von dir und deinem Partner oder deiner Partnerin viel Geduld abverlangt. Aber wenn du es ernst nimmst, dann gibt es Hoffnung.

Doch nicht jede Beziehung lässt sich retten. Immer wieder kommt es vor, dass sich einer der beiden Beteiligten bereits innerlich verabschiedet hat oder die Mühen nicht auf sich nehmen will, die es braucht, um eine Krise zu bewältigen. Manchmal ist es notwendig loszulassen – davon handelt das folgende Kapitel.

Die loslassende Liebe

Vom Umgang mit Liebeskummer und von der Bedeutung der Selbstliebe

Immer wieder begleite ich Menschen, deren Partner oder Partnerinnen die Gefühle der Liebe ganz oder teilweise verloren haben. Zumindest scheint es so. Vielleicht ist dieser Zustand nur vorübergehend, vielleicht wird er permanent so bleiben. Im Moment der Krise lässt sich das nur schwer vorhersagen.

Auch wenn zwei Menschen sich wahrhaft lieben und viele Jahre glücklich zusammen waren, kann der Wandel des Lebens dazu führen, dass sich der eine dem anderen nicht mehr so nah fühlt, wie das früher der Fall war. Entweder hat sich der Verlust des Liebesgefühls allmählich und langsam eingeschlichen oder er wird ausgelöst durch ein besonderes Ereignis, häufig durch die Begegnung mit einem anderen Menschen. Dadurch, dass plötzlich neue Gefühle und lang vergessene Sehnsüchte in einem Menschen erwachen.

Gefühle der Verliebtheit können einen Organismus mächtig durcheinanderbringen. Fast so, als würde eine süße Droge einem direkt ins Gehirn funken. Und deshalb ist es nicht verwunderlich, dass Liebesgefühle für den langjährigen Partner oder die langjährige Partnerin vorübergehend verschwinden und sich zu einem späteren Zeitpunkt wieder neu einstellen. Die Tatsache, dass die Gefühle der Liebe kurzzeitig abgeschwächt oder nicht mehr vorhanden sind, heißt nicht, dass sie nie wieder entstehen werden. Es kommt darauf an, wie beide Seiten während einer Krise handeln und ob sie sich einander zuwenden.

Liebe lässt frei

Wenn du deine Beziehung retten möchtest, dann ist es sinnvoll, an die Liebesfähigkeit deines Gegenübers zu glauben und an deiner eigenen Liebeskompetenz zu arbeiten. Wenn du wahrhaft liebst, dann möchtest du, dass der andere sein Leben nach seinen Vorstellungen und Werten leben kann. Du wünschst das Beste für den anderen. Du möchtest nicht, dass dein Gegenüber ausschließlich dir zuliebe etwas tut oder geschehen lässt, was womöglich gar nicht zu ihm oder zu ihr passt. Deshalb wohnt der Liebe nicht nur eine bindende, sondern auch eine loslassende Kraft inne. Liebe lässt frei. Das bedeutet: Du nimmst den anderen so an, wie er im Augenblick ist, ohne ihn verändern oder manipulieren zu wollen. Und wenn dieser andere gerade nicht zu dir kommen will, dann akzeptierst du das, ohne dich darüber ins Unglück zu stürzen.

Das fällt uns aus verschiedenen nachvollziehbaren Gründen schwer, denn eine loslassende und akzeptierende Haltung haben die meisten noch nie praktiziert. Üblicherweise wird in der Liebe geklammert, was zu einem Gefühl der Unfreiheit führen kann. Erwartungen, die wir an den AMEFI-Partner oder die -Partnerin herantragen, sind ausgesprochen groß. Möglicherweise lieben wir den anderen gar nicht um seiner selbst willen, sondern befinden uns in einer emotionalen Abhängigkeit zu ihm. Der Partner oder die Partnerin soll dafür verantwortlich sein, dass wir uns sicher fühlen, dass wir uns richtig fühlen, dass wir glücklich sind im Leben. Und zusätzlich soll er oder sie so sein, wie wir uns es wünschen. Das alles hat nichts mit Freiheit zu tun.

Wenn der Partner oder die Partnerin nicht unseren Vorstellungen entspricht, weil er oder sie bestimmte Erwartungen nicht erfüllt, dann führt uns das in einen leeren Raum, den wir noch nicht kennen. Nie zuvor haben wir uns gefragt: Wie mache ich mich selbst glücklich? Wie befriedige ich meine Bedürfnisse? Wer bin ich ohne den anderen? Wer bin ich ohne eine Partnerin oder einen Partner? Wie sorge ich dafür, dass ich mich mit mir und meinem Umfeld zufrieden und erfüllt fühle?

Die Fixierung auf einen einzigen Menschen, ohne den ich ins Bodenlose falle, ist ein weit verbreitetes Phänomen in vielen monogamen Beziehungen. Denn wenn – aus welchem Grund auch immer – die Stabilisierung durch den anderen wegfällt, dann ist die Katastrophe groß. Das liegt daran, dass wir unser Selbstwertgefühl an den anderen knüpfen: Ich bin wertvoll, weil xy mich liebt. Wenn xy mich nicht liebt, bin ich nicht liebenswert. Klingt logisch, macht aber unglücklich.

Wenn sich der Liebste oder die Liebste abwendet, dann kann sich das grausam anfühlen. Das riesige schwarze Loch zieht dich mit Gewalt nach unten, und du glaubst, dass du das nicht schaffen kannst, dass du diese Gefühle nicht aushalten kannst. Die Schmerzen des Liebeskummers können übermächtig groß werden und du brauchst viel Kraft, um dich wieder herauszuziehen. Erinnere dich noch einmal an das Baby, das du warst. Du hast damals erlebt, was es bedeutet, existenziell bedroht zu sein. Und genau diese Signale produziert dein Gehirn jetzt auch.

Der einzige Ausweg aus dieser Situation: Finde einen Weg, wie du selbst zu dir liebevoll bist. Wie du deinen eigenen Wert aus dir selbst heraus spürst und die Ablehnung durch den anderen nicht als Abwertung deiner Person akzeptierst.

Mach dir klar: Dein Leben endet nicht durch eine Trennung und dein Glück hängt nicht an dieser einen Person. Finde einen Weg, wie du negative Gedankenspiralen unterbrichst und wie du Gutes für dein Leben erwartest. Deine Gefühle reagieren auf das, was du gedanklich vorwegnimmst. Wenn du pessimistisch auf das Kommende blickst, werden deine Gefühle länger trüb bleiben.

Mach dir Folgendes klar: Wer dich nicht liebt, ist arm. Denn dieser Mensch fühlt nicht, welch wertvollen und zauberhaften Menschen er vor sich hat. Er kann sich nicht berühren lassen durch deine Einzigartigkeit, durch dein Da-Sein, durch deine ganz spezielle Art und Weise. Wer dich nicht liebt, ist blind. Denn er sieht nicht, wie schön er es mit dir haben kann, wenn ihr in einen echten und tiefen Austausch miteinander tretet. Wer dich nicht liebt, ist verlassen. Denn er kann nicht mehr zugreifen auf seine Verbindung zu dir, die ganz sicher da sein könnte. Er kann die Kraft nicht mehr spüren, die daraus entsteht, dass ihr beide aufeinander aufpassen wollt.

Dass der andere dich nicht liebt, sagt etwas über ihn. Es sagt nichts über dich. Doch du musst diesen Schmerz aushalten. Du musst den Weg durch deine Tränen gehen und eine kraftvolle innere Stimme in dir finden, die dir laut und deutlich zuruft: *Du bist wundervoll! Du bist liebenswert! Du bist richtig, so wie du bist!*

Vielleicht hilft dir folgendes Bild, um die Ungeheuerlichkeit deiner Situation zu verstehen: Du bist im Liebeskummer wie ein kleines Kind, das nach Mama und Papa ruft, schreit und schluchzt. Aber niemand kommt. Die geliebte andere Person bleibt einfach weg. So unbarmherzig und grausam ist Liebesschmerz. Und jetzt stell dir vor, dass doch jemand kommt. Dass da jemand ist, der dich in Schutz nimmt, der dich zärtlich tröstet, der leise zu dir spricht und dich warm in den Arm nimmt. Kannst du spüren, wie beruhigend das ist? Kannst du spüren, wie sich dein emotionales System entspannt und wie dadurch in dir ein neuer Freiraum entsteht? Ein Freiraum, den du mit anderen Gedanken und Gefühlen füllen kannst. Du bist nicht gezwungen, in deiner Verzweiflung zu verharren. Du kannst dir selbst diese Liebe und innere Freiheit schenken, indem du die Person wirst, die tröstend zu dir kommt. Du bist niemals allein, wenn du für dich selbst eine liebevolle Mutter und ein liebevoller Vater bist.

Wenn du aktuell unter Liebeskummer leidest, dann stell dir bewusst dein inneres Kind vor. Das Kind, das du einmal warst. Sieh es ganz genau vor dir. Stell dir vor, dass du dieses Kind auf deinen Schoß setzt, dass du es beschützend in den Arm nimmst und ihm gut zuredest: »Komm her, mein liebes Kind, du hast lange vergeblich gerufen, aber jetzt bin ich da. Ich bin bei dir. Und ich passe ab jetzt auf dich auf!« Sag deinem inneren Kind: »Ja, Kind, das tut weh. Ich sehe dich mit deinem Schmerz. Du darfst ihn mir zeigen. Du hast großen Kummer und ich sehe dich. Ich bin da für dich.«

Weine, wenn du kannst, und akzeptiere deine Tränen. Seelische Schmerzen können gnadenlos sein. Erlaube dir deine Tränen. Du wirst sehen, dass sie erleichternd sind und dir bald neue Kraft geben. Habe keine Angst vor schweren Gefühlen. Wenn du sie zulässt und sie durchlebst, dann werden sie von allein wieder abklingen. Du brauchst keine Sorge haben, dass du ab jetzt nur noch traurig sein wirst. Dein Schmerz wird heilen. Auch wenn du dir das jetzt nicht vorstellen kannst.

Fasse beherzt den Entschluss, dass du ab jetzt lernen willst, wie du dich selbst glücklich machen kannst. Wenn du dich für dich selbst und für die Welt öffnest, dann wirst du viel Liebe und innere Freiheit erleben. Du kannst dich schon auf all das Neue, was auf dich zukommt, freuen – da bin ich mir sicher.

Aktivitäten lösen die innere Erstarrung

Wenn du von Liebeskummer oder großer Eifersucht überwältigt wirst, dann kann es sich so anfühlen, als wäre das Ende deines Lebens gekommen. Du fühlst dich von großer Traurigkeit durchflutet, Hoffnungslosigkeit und innere Starre herrschen vor. Wenn du dich wie gelähmt fühlst, dann ist das normal und nachvollziehbar. Aber mach dir klar: Du bist nicht gelähmt. Du kannst handeln. Du kannst sofort anfangen, die Hebel in deinem Kopf umzulegen. Was kannst du tun?

Trage schöne und bunte Kleidung, auch wenn du dich nicht danach fühlst.
Nimm dir Zeit, um dich und deinen Körper ausgiebig zu pflegen.
Erlaube dir jeden Tag deine Auszeiten: Mittagsschlaf, Herumliegen, In-die-Luft-starren.
Bewege dich: Geh raus in die Natur.
Höre Musik, singe dir ein Liedchen vor.
Denke gute Gedanken über dich selbst.
Verabrede dich, telefoniere, vertraue dich einem lieben Menschen an.
Mache das, was du schon immer machen wolltest.
Gönne dir gutes und nahrhaftes Essen.
Belege einen Malkurs oder Töpferkurs.
Gestalte deine Wohnung um.
Sortiere aus und befreie dich von zu vielen Dingen.
Schreibe positive Sätze auf und häng sie an den Kühlschrank.
Schaue auf die winzigen Kleinigkeiten, die dir Freude machen.
Schreibe Tagebuch.
Lies in alten Tagebüchern.
Gestalte ein Fotobuch.
Frage dich regelmäßig: »Liebes, was brauchst du?«

Sei stolz auf dich und darauf, wie tapfer du bist.
Weine, wann immer du weinen kannst.
Sage dir, wie wunderbar du bist und dass du den Verlust von Liebe nicht verdienst.
Sei für deine Kinder da, wenn du welche hast. Spiele mit ihnen, höre ihnen zu.
Sei mild mit dir, erwarte nicht, dass es dir schneller besser geht.
Akzeptiere, dass das Leben manchmal schmerzhaft ist.
Erwarte nicht von dir, dass du alles richtig machst.
Plane einen Urlaub.
Überlege dir eine liebevolle Geste und mache sie in deiner Fantasie für den Menschen, der dir gerade so fern ist.
Überlege dir liebevolle Gesten für dich selbst.
Sprich klar und aufmunternd zu deinem Spiegelbild.
Mache einem Menschen, den du triffst, spontan eine kleine Freude.
Male dir deine Zukunft rosig und wunderschön aus.
Halte an deiner Liebe und Wärme fest.
Sei fest entschlossen, dass du lernen wirst, wie du dich selbst glücklich machst.

Jede Liebe beginnt mit der Liebe zu dir selbst

Wenn ich eins gelernt habe in meiner Arbeit mit Paaren in Konfliktsituationen, dann das: Wenn du wieder zusammenfinden willst mit deiner alten Liebe, dann erwarte nicht, dass dein Gegenüber so ist, wie du es haben willst. Verzichte auf Regeln und Vorgaben und nimm dein Gegenüber an – mit allem, was da ist. Auch mit den Seiten, die dafür verantwortlich sind, dass ihr gerade in Distanz zueinander seid.

Frage dich: *Kann ich meinen Partner so akzeptieren, wie er ist? Kann ich zulassen, dass Liebe oder Sehnsucht für eine andere Person gewachsen ist und dass diese Gefühle nicht einfach per Entscheidung abstellbar sind? Kann ich erlauben, dass die Ereignisse alle Beteiligten verändert haben, und kann ich akzeptieren, dass die alte Beziehung vorbei ist? Kann ich meinen Groll und meine Enttäuschung, dass der andere nicht so ist, wie ich dachte, hinnehmen und gleichzeitig meine Liebe auf den ganzen Menschen vor mir ausweiten? Kann ich dem anderen zugestehen, dass er Fehler macht?*

Wenn du eine Liebe retten willst, dann musst du alte Vorstellungen loslassen. Wenn du versuchst, das Alte zu halten und zu konservieren, wirst du nicht glücklich werden.

Also überlege dir: Was möchte ich in meiner Liebe erleben? Wie möchte ich behandelt werden? Auf welche Qualitäten möchte ich nicht mehr verzichten? Worauf habe ich in den letzten Jahren eigentlich verzichtet? Nicht jeder Liebespartner oder jede -partnerin ist willens und in der Lage, alle deine Bedürfnisse zu erfüllen, aber vielleicht findest du andere Menschen, die dir gerne das geben, was dich befriedigt. Du musst nicht auf den einen warten, der dir gerade so viel Schmerz bereitet. Du kannst noch heute damit beginnen, andere Menschen kennenzulernen und deren Liebesfähigkeiten zu erkunden.

Fange bei dem Menschen an, der dir am nächsten steht: bei dir selbst. Denn du kannst dir jetzt beistehen und dafür sorgen, dass du dich beruhigst. Letztendlich ist das der wahre Kern der Selbstliebe: dem eigenen Gedankenfluss lauschen und sich selbst positiv zureden. Die Gefühle folgen deinen Gedanken. Und deshalb machen Gedanken den Unterschied. Wenn du denkst, dass du jetzt für immer allein bleiben wirst, dann wirst du dich niedergeschlagen fühlen. Wenn du aber denkst, dass du liebevolle Menschen verdienst und diese suchen und finden wirst, fühlst du schon ein klein wenig Hoffnung. Am besten denkst du: Egal, wer mich liebt oder nicht liebt, ich liebe mich, denn ich bin ein einzigartiger Mensch, einmalig auf dieser Welt.

Wenn du beim Lesen gerade gedacht hast, dass du dich nicht liebst und kein toller Mensch bist, dann hast du dich selbst ertappt. Denn du bist es, der schlecht über dich denkt. Und du bist es auch, der damit aufhören kann. Du bist ein Mensch mit Stärken und Schwächen. Hör auf, dich selbst schlecht zu finden. Fange an, deine Stärken zu sehen und gib dir selbst die Unterstützung, die du gerade von anderen nicht bekommst.

Ich will dir jetzt noch mehr von Katja erzählen. Denn sie hat die Aufgabe, sich selbst eine gute Mutter und Freundin zu werden, wahrlich bravourös gemeistert.

Nach dem ersten Schock und Martins Auszug beginnt Katja mit der Suche nach neuen Lösungen für sich selbst. Noch nie zuvor hatte sie darüber nachgedacht, wer sie ohne Martin war und womit sie sich selbst glücklich machen könnte. Allein die Vorstellung, dass man sich allein glücklich machen könnte, erschien ihr absurd. Die großen Erfolge des Lebens hatten sie glücklich gemacht: die Heirat mit Martin, die Geburt der beiden Kinder, das schöne Haus, das sie bewohnten. Martins Karriere verschaffte der Familie ein angenehmes Leben ohne finanzielle Sorgen. Da waren wunderschöne Urlaube und gesellschaftliche Events, zu denen sie eingeladen waren. Ein Leben wie aus dem Modekatalog. Doch ohne Martin fiel alles in sich zusammen wie ein Kartenhaus. Katja fühlte tiefes Versagen. Sie hatte »als Frau versagt«, weil eine gute Frau ihren Mann doch hält. Es beginnt die Suche nach der eigenen Schuld. Katja schämt sich fürchterlich und sie weint viel. Nach außen versucht sie gefasst zu wirken. Sie fegt die Toreinfahrt, pflegt den Garten und geht zur Arbeit.

Eines Tages trifft Katja zufällig in der Stadt ihre alte Freundin Steffi, die sie seit vielen Jahren nicht gesehen hat. »Du siehst ja gar nicht gut aus. Was ist los bei dir?«, fragt Steffi, und als ob Steffi niemals weg gewesen wäre, beginnt Katja zu erzählen – von Martin, von ihrer Verzweiflung, von ihrem Gefühl der Hoffnungslosigkeit. Steffi schaut die alte Freundin betroffen an. »Du brauchst Frauenpower. Katja, sag, ist Monika noch in der Stadt?« Die beiden verabreden ein Treffen zu dritt gleich am nächsten Abend – so wie früher.

Steffi hatte die Heimatstadt wegen des Jurastudiums verlassen und war nur noch zu sporadischen Besuchen bei der Familie zu Hause. Obgleich sie früher sehr eng gewesen waren, hatten sich die Freundinnen aus den Augen verloren, vielleicht auch, weil Steffi sich anders entwickelt hatte. Sie war nicht verheiratet, hatte keine Kinder, aber einen festen Freund. Das fröhliche Gesicht der alten Freundin gab Katja Trost und ein wenig Zuversicht.

Am Abend im Restaurant war die Atmosphäre ausgelassen wie früher und die drei Freundinnen erzählten sich alles, was in den letzten 20 Jahren geschehen war. Katja staunte nicht schlecht, als Steffi erzählte, dass sie neben ihrem Freund Marco noch einen Liebhaber namens Karsten hatte. »Wie, und Marco weiß davon?« »Ja, er weiß davon und er ist damit einverstanden«, berichtet Steffi und wirkt dabei ein wenig scheu und gleichzeitig stolz. »Es ist immer noch komisch, so davon zu erzählen, denn irgendwie ist das alles verrückt.« Monika ist begeistert: »Das ist ja irre. Also hast du einen Mann für den Alltag und einen fürs Bett?« »Na ja, ganz so getrennt ist das nicht. Ich liebe beide auf unterschiedliche Art. Ich habe auch zu beiden im Alltag Kontakt und auch mit beiden guten Sex. Aber es stimmt schon: Marco ist mein Zuhause, er ist meine Familie, und Karsten ist wie ein besonderer Luxus, der dazukommt.« Katja ist irritiert. Sie hatte noch nie davon gehört, dass ein Paar so etwas offen miteinander vereinbaren kann. Und sie kann es sich beim besten Willen nicht vorstellen.

»Aber erzähl mal von dir, Katja, was wünschst du dir für dein Leben?«, fragt Steffi. »Ich hatte alles, was ich wollte«, stammelt Katja und sie spürt wieder diesen Kloß im

Hals. Da ist ein großer Widerstand in ihr. Sie wollte nichts Neues, sie wollte nur ihren Martin zurückhaben. »Okay, aber du kannst dir die Welt ja nicht backen. Stell dir vor, du könntest noch mal ganz neu anfangen: Was würdest du anders machen?« Katja überlegt: »Vielleicht hätte ich auch von Anfang an mehrere Männer, so wie du. Dann wäre ich nicht allein, wenn einer geht.«

Katja denkt eine Weile nach. Sie spürt, wie sehr ihr das alte Leben Schutz und Sicherheit gegeben hat. Aber nach und nach fällt ihr auf, dass sie vieles dem Zufall zu verdanken hatte und wenig durch ihre eigenen Entscheidungen entstanden war. »Ich habe das Leben genommen, wie es ist. Ich glaube, ich wollte immer, dass es der Familie gut geht. Dann ging es mir auch gut. Jetzt weiß ich nicht, was mir Freude macht. Nichts macht mir Freude.«

»Ist ja auch normal«, findet Steffi. »Du brauchst jetzt ganz viel Selbstfürsorge. Und Selbstfürsorge fängt beim Denken an. Wenn du die ganze Zeit denkst, dass du versagt hast, dann fühlst du dich auch so.« »Ja, aber kann man denn seine Gedanken einfach so verändern?« »Wer macht denn deine Gedanken? Los, denk mal einen guten Satz über dich!«, fordert Steffi sie auf. »Mir fällt nichts ein«, murmelt Katja. Auf solche Spielchen hat sie keine Lust.

»Na dann, Monika, dann sind wir beide dran.« Steffi ist voll in Fahrt: »Ich finde, du bist eine wunderbare Frau, weil du einen sehr feinen Humor hast.« »Und ich liebe dich als meine Freundin, weil ich weiß, dass du immer zu mir hältst«, sagt Monika. »Also, ihr findet, ich sei humorvoll und loyal? Das klingt nicht übel.« Katja muss lächeln und sie hat zum ersten Mal den Gedanken, dass Martin ein armer, verwirrter Tölpel sei, weil er ihren Wert gerade nicht sieht. Dieser Gedanke tröstet sie und sie hat in diesem Moment fast sogar Mitgefühl mit Martin. Armer Martin. Wo steckt er nur?

Neben den Paarsitzungen kommen Katja und Martin auch getrennt zu mir in die Praxis. Es wird deutlich, dass beide voneinander abhängig waren und dass es jetzt darum geht, die eigene emotionale Stabilität nicht mehr aus der Beziehung, sondern aus anderen Quellen zu ziehen. Martin tut das, indem er zum ersten Mal in seinem Leben allein wohnt – und obwohl er noch an Katja hängt, tatsächlich eine Beziehung mit Tanja beginnt. Katja will sich nicht damit abfinden, dass ihre Ehe gescheitert sein soll. »Was muss ich tun, um das zu retten?«, fragt sie mich und ich erkläre ihr folgenden Zusammenhang: Wenn ich einen Menschen wirklich liebe, dann kann ich ihn annehmen, wie er ist. Mit allen seinen Persönlichkeitsanteilen und Eigenschaften. Wenn ich einen Menschen vorgebe zu lieben und dann sage, er solle bitte anders sein, damit er zu meinen Vorstellungen passt, dann handelt es sich nicht um Liebe. Dann geht es eher um Abhängigkeit und Kontrolle.

»Du meinst also, ich sollte Martin seine Liebe zu Tanja zugestehen? Ihm die auch noch gönnen? Das kann ich nicht!«, ruft Katja. »Na ja, ihm das zu gönnen ist schon die ganz hohe Kunst, aber du könntest den Gedanken zulassen, dass er in Tanja verliebt ist und dass er dich trotzdem so liebt wie die ganzen letzten Jahre. Wäre das nicht vorstellbar?« Katja ist nachdenklich. Nach einer Weile sagt sie: »Martins Liebe zu Tanja tut mir deshalb so weh, weil ich mich nicht mehr wertvoll fühle.« Damit trifft sie einen zentralen Punkt. Neben anderen Schmerzen ist das eine der größten Verunsicherungen von Menschen mit Betrugserfahrung.

»Wer bestimmt eigentlich, ob du ein wertvoller Mensch bist, Katja?«, frage ich und sie überlegt. »Mein Wert entsteht aus dem Wert, den ich für andere habe.« Das bedeutet, Katja ist abhängig davon, dass andere ihr zu verstehen geben, dass sie wertvoll ist. Tun sie es nicht, muss Katja fühlen, dass sie keinen Wert besitzt. »So eine Gemeinheit.« Katja ist empört über ihre eigene Programmierung, die sie entdeckt hat. Wir sammeln gemeinsam Ideen, wie Katja ihren Wert aus sich selbst heraus stärken kann, und Katja zählt auf: »Ich kann gut organisieren, ich bin aufmerksam und passe auf andere auf, ich bin kreativ, ich kann genießen, ich bin lustig, ich bin loyal und treu, ich habe gute Freundinnen, ich kann herausfinden, was mir guttut, und kann das für mich umsetzen, ich kann erkennen, wie ich anderen guttun kann, ich übernehme meine Aufgaben, auf mich ist Verlass. Nur jetzt habe ich mich selbst verlassen …«

Wer über sich selbst denkt, dass er keinen Wert hat, der hat in der Tat sich selbst verlassen. Du kehrst zu dir zurück, wenn du dir selbst sagst: »Ich bin wertvoll, weil ich da bin.« Einfach nur, weil du auf der Welt bist. Nicht weil du etwas leistest oder für andere wertvoll bist, sondern weil du da bist, weil du ein einzigartiger Mensch bist, der sich selbst immer wieder neu erfinden kann. Und wenn du von deinem Partner oder deiner Partnerin verlassen wurdest, dann solltest du genau darauf achten, dass du dich selbst nicht verlässt.

Einige Wochen später steht Katja vor mir – sie sieht aus wie das blühende Leben. »Ich kann es nicht glauben«, erzählt sie mir. »Aber ich hatte so viele erste Male! Ich war zum ersten Mal allein im Restaurant, zum ersten Mal allein tanzen, zum ersten Mal allein im Urlaub. Meine Kinder machen weitgehend ihr eigenes Ding. Zum ersten Mal muss ich auf niemanden Rücksicht nehmen. Ich gehe endlich zu meiner Zeit ins Bett und ich esse, wann mir danach ist. Ich habe angefangen, meinen Impulsen nachzugeben. Ich kann nicht glauben, wie frei sich das anfühlt. Und voller Potenzial. Als wäre ich gerade Anfang 20!«

Auch mit Martin hat sich einiges verändert. »Es fühlt sich so an, als wären wir beide auf einer Reise. Und hin und wieder schreiben wir uns Postkarten. Ich vermisse ihn und irgendwie glaube ich, dass wir uns wiederfinden – eines Tages. Aber bis dahin will ich mich auf die Liebe vorbereiten. Da gibt's noch einiges zu tun.« Und Katja lacht, während sie das sagt.

Die lernende Liebe
Wie der innere Kompass neu ausgerichtet werden kann

Du hast bis zu dieser Stelle schon viel über die Liebe gelernt. Du hast verstanden, dass es um deine inneren Haltungen geht. Gedanken und Gefühle kommen oft, ohne dass du sie gerufen hast. Daran kannst du erst mal nichts ändern, aber du kannst deine Einstellung dazu verändern. Wenn du traurig bist, dann sage dir nicht: »Sei doch nicht schon wieder traurig.« Traurigkeit ist ein Gefühl, das zum Leben dazugehört. Das solltest du verinnerlichen. Traurigkeit zeigt dir an, dass du etwas Wertvolles verloren hast. Traurigkeit zeigt dir also den Wert deines Lebens. Warum also sollte Traurigkeit nicht da sein dürfen?

So ist das mit allen Gefühlen. Wut zeigt beispielsweise an, dass eine Grenze für dich erreicht oder überschritten wurde. Angst weist auf Gefahren hin, und Freude zeigt dir an, dass du auf dem richtigen Weg bist. Wenn du lernst, deine Gefühle als Kompass zu lesen, dann wirst du erkennen, wie groß dein eigener Einfluss auf dein Liebesglück ist. Und weil das so ist, werden wir jetzt noch weiter in die Tiefe gehen. Ich will dir zeigen, wie du ein glückliches Lebensgefühl erschaffen kannst und damit die Grundlagen für die gelingende Liebe legst.

Wir haben gesehen, dass Krisen in Beziehungen deshalb auftreten, weil es eine Verengung des Raumes gibt, der zu einer Einschränkung der Entwicklungsmöglichkeiten beider Seiten führt.

Wenn wir nun berücksichtigen, dass die aus diesem Raum verdrängten Bedürfnisse ursächlich dafür sind, dass Menschen in Beziehungen unglücklich werden, dass sie sich aus der Kommunikation zurückziehen, antriebs- und lustlos werden oder sogar fremdgehen, dann liegt das Gegenmittel in einer verstärkten inneren Offenheit.

Stelle dir folgende Situation vor: Dein Partner oder deine Partnerin möchte ausgehen. Du findest das in Ordnung, aber du bist nachts nicht gerne allein und möchtest deshalb wissen, wann er oder sie wiederkommt. Wenn dein Partner oder deine Partnerin das weiß, dann wird er oder sie in seiner oder ihrer Kommunikation auf dein Bedürfnis eingehen.

Jetzt stelle dir vor, dein Partner oder deine Partnerin hält sich nicht an die Absprache oder weicht ein Stück davon ab. In diesem Bespiel kommt er oder sie erst um ein Uhr nachts nach Hause, obwohl spätestens Mitternacht abgesprochen war. Das ist eine Standardsituation, die jeder kennt und die zu einem Konflikt führen kann. Wie reagierst du? Wirst du sauer? Oder bist du traurig? Machst du deinem Partner oder deiner Partnerin Vorwürfe? Erinnere dich an eine konkrete Situation. Was ist da in dir passiert? Natürlich hast du verschiedene Möglichkeiten, darauf zu reagieren.

Es könnte sein, dass du *traurig* wirst, weil du dich allein und nicht ernst genommen fühlst. Du hast vielleicht den Gedanken, dass du deinem Partner oder deiner Partnerin nicht wichtig genug bist. Du denkst, du bist es ihm oder ihr nicht wert, dass er oder sie sich nach dir richtet. Und dabei sinkt dein Selbstwert immer weiter ab. Dein Wohlbefinden ist im Keller, weil ein anderer nicht deinen Erwartungen entspricht. Schau auf diesen Zusammenhang: Ein anderer tut nicht das, was du von ihm erwartest – und du reagierst darauf mit innerer Selbstentwertung. Diese Verknüpfung findet täglich in unseren Köpfen statt. Ich wette, dass du solche Muster auch bei dir finden wirst.

Oder du wirst *wütend*, weil eine dir wichtige Grenze nicht beachtet wurde und du ein starkes Signal senden möchtest: »Achtung, schenke diesem Punkt bitte mehr Aufmerksamkeit.« Dann ist Wut wie ein Fokus-Macher. Als solcher kann Wut etwas Positives sein, wenn sie nicht ins Gegenteil verfällt und wiederum Verletzungen beim anderen auslöst.

Wenn du offen bist, wenn du nach innen offen bist, kannst du dein Innenleben wahrnehmen. Du kannst feststellen, welches Gefühl in dir in bestimmten Situationen entsteht. Dann kannst du dich fragen, auf welches Bedürfnis dieses Gefühl dich hinweist und zu welcher Handlung es dich auffordert. Und du kannst noch weitergehen und dich fragen, aus welchem Grund du dieses Bedürfnis spürst, ob sich dahinter womöglich noch ein ganz anderes Bedürfnis versteckt und auf welche alte Prägung oder sogar Verletzung dein Verhalten zurückzuführen ist. Das könnte beispielsweise diese Verletzung sein: Dein Vater war immer unpünktlich und du hast viele Male gefühlt, du wärst ihm nicht wichtig. Und deshalb hast du diese Verknüpfung von Pünktlichkeit und Selbstwert in deinem Gehirn abgespeichert.

Die Verletzung ist folglich eine alte Lernerfahrung deines Gehirns, und dein Partner oder deine Partnerin kann nichts dafür, dass in dir diese Gefühle entstehen. Er oder sie kann aber – da er oder sie um deine Prägung weiß – Rücksicht auf dich nehmen und dir dabei helfen, deine Gefühlsreaktionen oder Verhaltensweisen zu überprüfen und zu verändern, wenn du das willst. Denn alles, was du einmal gelernt hast, kannst du neu und anders lernen.

Du hast in diesem Beispiel noch weitere Möglichkeiten. Du kannst innerlich weich werden und fragen: *Brauche ich dieses strikte Einhalten von Regeln und Ansprachen wirklich in jedem Moment? Muss ich alles immer genau festlegen, um mich sicher zu fühlen? Und muss ich wirklich verärgert reagieren? Wo kann ich vielleicht großzügiger sein? Welches Bedürfnis steht hinter diesem Wunsch und lässt sich das auch anders befriedigen?*

Vielleicht entdeckst du, dass hinter deinem Wunsch *Angst* steckt. Die Angst, dass dein Partner oder deine Partnerin dich betrügen könnte. Oder die Angst, dass dein Partner oder deine Partnerin dich nicht mehr so schätzt wie früher. Wenn du das wahrnehmen und benennen kannst, dann könntet ihr über diese Gefühle sprechen, anstatt euch gegenseitig Vorwürfe zu machen. Schon allein dadurch entsteht Veränderung.

Wir neigen dazu, das Verhalten der anderen viel zu schnell auf uns selbst zu beziehen. Wenn wir diesbezüglich eine größere Flexibilität erlernen, ist das förderlich für uns selbst, aber auch für die Beziehung. Weil wir uns dadurch freier fühlen und mehr Freiheit schenken können. Du bist emotional weniger fremdgesteuert, wenn du lernst, deine Gefühle zu beeinflussen. Und die Voraussetzung dafür ist Offenheit – die Offenheit, Gefühlsmuster und Beziehungsdynamiken zu entdecken. Zu erkennen, dass du in jeder Situation am Geschehen beteiligt bist, dass du jede Situation gestalten kannst, indem du deine Haltung dazu änderst. Und dass du dein inneres Erleben durch deine Entscheidungen beeinflussen kannst, unabhängig davon, was der andere tut.

Verantwortung tragen, statt Schuld suchen

Es gibt den schönen und stimmigen Satz: »Veränderungen kommen durch große Ziele oder durch große Schmerzen.« Krisen sind besondere Momente für Entwicklung und Veränderung. Wenn du deine Beziehungskrise nutzen möchtest, um mehr Reife und größere Glücksfähigkeit zu erlangen, dann möchte ich dir einige Haltungen ans Herz legen, die ich im Folgenden beschreibe. Diese betreffen speziell die Themen Schuld und Verletzung. Denn oft stehen diese beiden großen Worte im Weg, wenn Paare Verständigung suchen.

Derjenige, der verletzt ist, hat häufig die Moral auf seiner Seite, was ihn davon abhält zu fragen: »Wie habe ich eigentlich zu dem Konflikt beigetragen?« Und derjenige, der sich schuldig gemacht hat, der fühlt sich in der Regel auch schuldig. Diese gefühlte Schuld führt entweder zu einer inneren Abwehr oder zu Selbstmitleid. Entweder man sucht Gründe, warum man gar keine Schuld hat und die Schuld viel eher beim anderen liegt, oder man macht sich Selbstvorwürfe und wird in der Folge depressiv verstimmt. In beiden Fällen kannst du dich nicht mehr emphatisch auf dein Gegenüber einlassen und fragen, was der andere braucht. Stattdessen bist du mit Selbstverteidigung oder Selbstanklage beschäftigt. *Es hilft niemandem, wenn wir die Schuld verteilen.*

Egal, ob deine Beziehungsschwierigkeiten durch einen Betrug ausgelöst worden sind oder ob etwas anderes der Grund dafür ist: Es kommt in jeder Beziehung vor, dass wir einander wehtun. Egal, wie sehr wir uns lieben. Es geschieht. Die Gründe dafür sind mannigfach. Wir tun es aus Unachtsamkeit, aus Unwissenheit, aus Ungeschicklichkeit, aus Verlegenheit, aus Versehen, aus Trotz, aus Angst, aus Verzweiflung, aus mangelnder Wertschätzung, aus Sorge, aus Unvermögen, aus Beschränkung, aus Unkenntnis, aus Müdigkeit, aus Traurigkeit, aus Rücksichtslosigkeit, aus mangelnder Empathie, aus Langeweile, aus Erschöpfung, aus Zorn, aus Gewohnheit, aus Verachtung, aus Ratlosigkeit, aus Unfähigkeit ... Die Liste ist endlos.

Wenn wir verletzt wurden, dann wünschen wir uns, dass die Verletzung wahrgenommen und verstanden wird.

Wenn das geschieht, dann kann sie heilen. Wir heilen nicht dadurch, dass der andere sich selbst bestraft und vor Schuldgefühlen die Fassung verliert. Dieses Konzept von Schuld behindert den Heilungsprozess. Es ist kontraproduktiv. Und trotzdem ist dieser Mechanismus in uns: Wir möchten gerne dem anderen dafür die Schuld geben, dass wir uns schlecht fühlen. Wenn beide Streitparteien das tun, finden sie nicht zusammen.

Ich plädiere deshalb dafür, dass wir uns vom Konzept der Schuld in zwischenmenschlichen Beziehungen so weit wie möglich verabschieden: Wir fragen nicht nach Schuld, weil es nicht hilft. Und stattdessen lernen wir, Verantwortung zu übernehmen.

Du übernimmst Verantwortung dadurch, dass du anerkennst, dass die Beweggründe und gegenseitigen Beeinflussungen komplex sind und beide Seiten zum Konflikt beitragen. Du übernimmst Verantwortung dadurch, dass du den anderen verstehen möchtest, auch wenn er dir wehgetan hat. In der Regel sind beide durch den Konflikt verletzt und brauchen jeweils Verständnis vom anderen – auch dann, wenn einer der beiden vordergründig vielleicht den größeren Fehler gemacht hat. Meistens verletzen wir uns auch selbst durch unsere Fehler.

Verantwortung zu übernehmen bedeutet, dass du an dem Leid, dass du im Anderen ausgelöst hast, Anteil nehmen kannst, ohne dich mit Schuldgefühlen zu überladen. Du kannst sagen: »Es tut mir leid«, ohne dass du damit sagst: »Ich bin schlecht.« Stattdessen sagst du: »Ich sehe deinen Schmerz und fühle mit dir.«

Verantwortung zu übernehmen bedeutet, dass du dir selbst und dem anderen Fehler und Schwächen zugestehen kannst. Menschen sind nicht vollkommen und unfehlbar. Wir verfolgen unbewusst unsere Interessen, suchen Bedürfnisbefriedigung – und dabei übersehen wir manchmal auch die Grenzen der anderen.

Verantwortung übernehmen bedeutet, dass du dir selbst holen kannst, was du zu deiner Heilung brauchst, und dass du die Offenheit in dir findest, um auch die Wahrheit des anderen nachvollziehen zu können. Du musst das Verhalten und die Entscheidungen des anderen nicht gut finden, aber du solltest sie nachvollziehen können und vielleicht sogar verstehen, was zu seinen Gefühlen und Entscheidungen geführt hat.

Verantwortung zu übernehmen bedeutet, dass du dich bewusst dafür entscheidest, an der Verletzung nicht festzuhalten. Egal, welche Umstände das Leben für dich bereithält: Du kannst deine Einstellung beeinflussen und damit auch deine Gefühle. Es bedeutet auch, dass dir bewusst wird, dass sich manche Verletzungen deshalb so intensiv anfühlen, weil sie dich an eine andere, längst vergangene Verletzung aus deinem Leben erinnern. Weil sich alter Schmerz erkennbar macht und dein Schmerzerleben intensiviert. Wenn du das erkannt hast, dann bist du einen großen Schritt weiter. Denn dann kannst du auch die Verantwortung dafür übernehmen, dass der alte Schmerz irgendwann heilen darf. Und das tust du, indem du dir selbst heute das gibst, was du früher gebraucht hättest.

Diese Haltungen ermöglichen Heilung – für beide Seiten. Gerade wenn du in einer akuten Krise bist und ihr schnell in Streit geratet, hilft es, wenn du dich bewusst gegen die Schuldfrage entscheidest und stattdessen nach Handlungen suchst, die dich stärken. Es wird dir nicht helfen, den anderen zu bestrafen oder zu verurteilen. Es geht darum, dass ihr euch auf die Suche nach neuen Vereinbarungen macht, zu denen ihr beide Ja sagen könnt.

Streiten lernen

Wenn ihr euch viel streitet, aber keine Lösungen findet, oder ihr ständig voneinander genervt seid und viel Kritik am anderen übt, die nicht gehört wird, dann fehlt euch mit hoher Wahrscheinlichkeit eine gesunde Streitkultur. Es fehlt euch eine kluge Streittechnik und Konfliktlösekompetenz.

Das ist kein Wunder, denn die meisten Menschen haben Angst vor Konflikten. Aber Konflikte verschwinden nicht dadurch, dass du sie ignorierst und darauf hoffst, dass sie sich von selbst erledigen. Sie verschwinden auch nicht dadurch, dass du anfängst zu brüllen oder ein Machtwort zu sprechen. Unbearbeitete Konflikte sind unerledigte Geschäfte und diese werden dir dauerhaft Ärger machen. Daher empfehle ich: Lerne streiten!

Beim Übergang von einer unproduktiven Streitkultur zu einer robusten Konfliktfähigkeit haben sich einige Verhaltens- und Einstellungsänderungen als besonders hilfreich erwiesen. Im nächsten Kapitel »Die tragfähige Liebe« wird es detailliert um deine Liebeskompetenzen und damit auch um deine Konfliktfähigkeit gehen, aber zuvor möchte ich dir einen Überblick über die wichtigsten Grundhaltungen geben, die du ab jetzt üben kannst.

Achte auf deine Art zu sprechen. Deine Worte haben Bedeutung und sie haben großen Einfluss auf die Stimmung zwischen euch, auf eure Gedanken und Gefühle. Rede von dir und über dich. Das, was du fühlst und wahrnimmst, sagt etwas über dich aus. Du magst Vermutungen über den anderen anstellen, aber du weißt nicht, wie der andere wahrgenommen, gedacht und gefühlt hat. Dies könnt ihr nur im Gespräch miteinander herausfinden. Wenn du sagst: »Du hast mich nicht ernst genommen!«, wird sich dein Gegenüber vermutlich angegriffen fühlen und in Abwehr gehen. Wenn du stattdessen aber sagst: »Ich habe mich nicht ernst genommen gefühlt«, wird dein Erleben sichtbar. Vermeide

Aussagen über den Charakter und Aussagen, die die Person als Ganzes abwerten oder stigmatisieren. Wenn du sagst: »Immer muss ich hinter dir herwischen. Du bist so unzuverlässig. Wie kann ein Mensch nur so unordentlich sein?«, fühlt sich dein Gegenüber vermutlich angegriffen und kann dein eigentliches Anliegen in deiner Aussage nicht erkennen. Wenn du aber sagst: »Ich habe mich geärgert, weil der Esstisch voller Krümel war. Ich habe mir gewünscht, dass du den Tisch säuberst, nachdem du gegessen hast«, wächst die Chance, dass du tatsächlich gehört wirst.

Achte auf deine Hörgewohnheiten. Das, was du hörst, ist nicht automatisch das, was dein Gegenüber gemeint hat. Es ist sogar wahrscheinlich, dass etwas anderes gehört wird, als eigentlich gemeint war. Das hat damit zu tun, dass eine Nachricht viele verschiedene Bedeutungen haben kann. Hören ist eine komplexe Übersetzungsleistung. Wenn du wissen willst, was du in den Ohren des anderen gesagt hast, dann frage nach: »Was hast du gerade gehört, was ich gesagt habe?« Zu den Hörgewohnheiten – und wie du sie verändern kannst – werden wir ausführlich im nächsten Kapitel kommen.

Die Wahrheit beginnt zu zweit. Oder anders gesagt: Die Wahrheit gibt es nicht. Es kommt vor, dass sich unterschiedliche Wahrnehmungen nicht verbinden lassen. Dann gibt es zwei Wahrheiten in einer Realität. Versuch nicht, deine Wahrheit als die einzig wahre durchzusetzen, denn das wird dir nicht gelingen und es wird dich auch nicht weiterbringen. Erkenne, dass du eine andere Wahrnehmung hast als der andere.

Akzeptiere die Tatsache, dass du verletzt werden kannst und selbst verletzen wirst. Verletzungen sind unvermeidbar. Mach dir aber klar: Beide Seiten sind verletzt. Auch der Täter ist Opfer. Er ist zum Beispiel Opfer seiner eigenen destruktiven Prägungen, die er im früheren Leben verkraften musste. Und auch die Opferseite hat in der Regel Täteranteile. Wir können schnell zwischen diesen Rollen wechseln und uns gegenseitig manipulieren. Am liebsten wollen wir die Opfer sein. Niemand ist gerne Täter. Doch wenn du anfängst, die Verantwortung für deine Gefühle zu übernehmen, dann werden Täter-Opfer-Zuschreibungen überflüssig, weil du nach dem jeweiligen Erleben fragen kannst und erkennst, dass Konflikte immer ein gemeinsames Kunstwerk sind.

Komm heraus aus der Opferrolle. Verbleibe nicht in der Opferrolle. Frage dich, was du für deine Heilung brauchst und wie du selbst dazu beigetragen hast, dass die Verletzung entstehen konnte.

Entscheide dich für Heilung und Entspannung. Schlussendlich braucht es deinen Entschluss, Heilung finden zu wollen. Heilung tut immer weh. Wie ein gebrochener Finger schmerzt die Seele während des Heilungsprozesses. Das ist normal und wird vorbeigehen. An Verletzungen festzuhalten, bringt Kummer. Wenn du deinen Kummer loswerden möchtest, dann erlaube dir zu heilen. Erlaube dir, dass du dich wieder entspannen kannst. Manchmal ist es wie eine Offenbarung, wenn du merkst, dass du dich gut fühlen darfst. Du musst dich nicht in Gedankenschleifen zermartern und immer wieder quälen. Hör auf zu kämpfen und akzeptiere dich so, wie du bist. Dann beginnt Heilung.

Wähle das Ungewisse. Die meisten Menschen wollen »wissen, was Sache ist«. Wollen Nägel mit Köpfen, wollen »klare Ansagen«. Sie halten das Ungewisse in Beziehungen nicht aus. Aber nur, wenn wir offen für neue Gedanken und Erlebnisse sind, können wir Neues entdecken. Wähle nicht das altbekannte Unglück, wähle das neue unbekannte Glück!

Mit diesen Grundeinstellungen wirst du nicht nur viel besser streiten lernen, du wirst auch alles andere, was du für deine Liebeskompetenz brauchst, leichter verstehen und umsetzen können. Wir kommen jetzt zum vielleicht wichtigsten

Kapitel dieses Buches. Ich erkläre dir darin, wie du durch die Steigerung deiner emotionalen Intelligenz die Grundlage für eine lange, glückliche Beziehung schaffst.

Die tragfähige Liebe

Emotionale Intelligenz als Schlüssel für glückliche Beziehungen

Die gute Nachricht: Du kannst etwas tun, wenn deine Beziehung in der Krise ist. Du musst nicht tatenlos zusehen, wie deine Beziehung immer unbefriedigender wird oder die Distanz wächst. Du musst nicht ohnmächtig darauf warten, dass ein Seitensprung die Beziehung sprengt. Du kannst in deine Liebeskompetenz investieren. Stell dir das Lieben vor wie ein Hobby. Und zwar das Beste, das du dir aussuchen kannst. Eines, das dich richtig glücklich macht, wenn du es beherrschst.

Ich werde dir die wichtigsten Fähigkeiten im Hinblick auf glückliche Beziehungen erklären und zeigen, wie du sie trainieren kannst. Ich spreche in diesem Zusammenhang von Liebeskompetenz. Es handelt sich dabei im Wesentlichen um emotionale Intelligenz, also die Fähigkeit, eigene und fremde Gefühle zu verstehen und zu beeinflussen. Eng mit den Gefühlen verknüpft sind die Bedürfnisse, die jeder Mensch hat und die als Motivation hinter deinem Verhalten stehen. Wer die eigenen Bedürfnisse gut erkennen, benennen und aktiv befriedigen kann, der wird ein ausgeglichenes, emotionales Erleben haben. Schließlich gibt es noch einen weiteren Schlüssel für glückliche Langzeitbeziehungen. Dieser betrifft deine Fähigkeit, Kritisches zu besprechen und Konflikte besser und nachhaltig auflösen zu können.

Liebeskompetenz ist leider (noch) kein Unterrichtsfach in der Schule und sie ist infolge unserer patriarchalen Gesellschaftsgeschichte zwischen Männern und Frauen ungleich verteilt. In den 1990er-Jahren hat der bekannte deutsche Psychologe Wilfried Wieck mit dem Buch »Männer lassen lieben« viel Aufmerksamkeit bekommen. Er beschreibt darin das Phänomen, dass Jungen in unserer Kultur weniger als Mädchen lernen dürfen, ihre Gefühle wahrzunehmen und auszudrücken und ihre Bedürfnisse zu befriedigen. Weiters schreibt er, dass Jungen nicht wissen, wie sie selbst aktiv liebevollen Kontakt herstellen. Sie kümmern sich daher nicht engagiert um die Liebe, sondern überlassen diese Arbeit ihren Frauen. Die Frauen auf der anderen Seite werden von frühen Kindesbeinen an daran gewöhnt, die eigenen Bedürfnisse hinter die der anderen zu stellen und sich aufopferungsvoll um alle anderen, nicht aber um sich selbst zu kümmern. Irmgard Hülsemann, Psychologin und Psychotherapeutin und Lebensgefährtin von Wilfried Wieck, beschreibt in ihrem Werk »Mit Lust und Eigensinn« Wege, wie sich Frauen aus dieser Konditionierung befreien können. Ich habe bei diesen beiden brillanten und warmherzigen Menschen mein Handwerk gelernt und stütze mich bis heute in meiner Arbeit auf die Konzepte der »patriarchatskritischen und tiefenpsychologisch fundierten Frauen- und Männerarbeit«.

Auch heute sagen mehr Männer als Frauen von sich, dass sie nicht über Gefühle sprechen. Es ist immer noch wenig im Bewusstsein angekommen, dass Liebe Arbeit bedeutet, und dass diese Liebesarbeit gelernt und praktiziert werden will. Die Liebesarbeit liegt meistens im Aufgabenbereich der Frauen.

Was ist die Konsequenz? Wenn Männer nicht wissen, wie sie mit Bedürfnissen und Gefühlen umgehen und wie sie eine liebevolle Verbindung herstellen können, dann hat das zwei Konsequenzen: Männer sind emotional abhängig von Frauen und darauf angewiesen, dass diese die Liebesarbeit übernehmen. Frauen bleiben oft emotional unterversorgt, weil sich der Mann nicht ausreichend aufmerksam zuwendet. Ihm ist weder bewusst, dass das erforderlich ist, noch weiß er, wie es geht.

Das ist für beide Geschlechter ein unzufriedenstellender Deal. Zum Glück hat sich in den letzten 30 Jahren viel verändert, aber die Aufgabe ist immer noch dieselbe: Wir alle – Männer wie Frauen – müssen das Lieben lernen. Nur dann werden Beziehungen langfristig tragfähig. Egal, wo du im Augenblick stehst, überlasse das Lieben niemals dem anderen. Sorge dafür, dass deine emotionalen Fähigkeiten wachsen.

Liebeskompetenz beginnt beim Fühlen

Liebeskompetenz beginnt mit der Wahrnehmung der eigenen Gefühle und Bedürfnisse. Lange Zeit wurden Gefühle als irrational abgewertet. Heute wissen wir, dass Gefühle eine große Rationalität besitzen und dass sie das Verhalten der Menschen weit stärker beeinflussen als lange angenommen.

Während wir in der Schule das logische Denken lernen und jahrelang den Verstand trainieren, lernen wir keinerlei emotionale Intelligenz. Dabei ist die Fähigkeit, mit den eigenen Gefühlen umzugehen, sie richtig zu deuten und zu beeinflussen, die wichtigste Fähigkeit überhaupt. Wer regelmäßig Freude und Gefühle der Erfüllung wahrnimmt, wird sich glücklicher fühlen als derjenige, der sich ständig ärgert und traurig oder niedergeschlagen ist.

Dabei geht es nicht darum, ständig vor Freude grinsend durchs Leben zu spazieren, sondern um die Fähigkeit, sich selbst *ausreichend oft* mit positiven Gefühlen zu versorgen und sämtliche Gefühle als kluge Berater für eigene Entscheidungen nutzen zu lernen. Auch geht es darum, die Gefühle der anderen zu tolerieren und zu akzeptieren, ohne selbst automatisch emotional zu reagieren.

Zunächst sind Gefühle wie Hinweisschilder, die uns das Gehirn schickt. Schöne Gefühle zeigen an: Davon bitte mehr! Negative Gefühle zeigen an: Achtung, Gefahr, bitte weniger davon! Gefühle sind *Handlungsaufforderungen*. So wie ein Körpersignal, das dich beim Greifen auf die heiße Herdplatte dazu bringen will, möglichst schnell deine Finger wegzuziehen. Gefühle fordern uns zu Handlungen auf und sie dienen dazu, dass wir unseren Organismus beschützen und für ihn möglichst vorteilhafte Bedingungen schaffen. Gefühle weisen auf bewusste oder unbewusste Bedürfnisse hin.

Jedes Gefühl hat einen Auslöser. Das können Gedanken sein, Erwartungen an die Zukunft, Erinnerungen, Bilder, die wir sehen. Sätze, die wir hören. Gerüche oder andere Sinneseindrücke. Wie ein bestimmter Auslöser mit einem bestimmten Gefühlssignal verknüpft ist, lernt das Gehirn im Laufe seiner Entwicklung anhand seiner konkreten Erfahrungen. Und das bedeutet, dass jedes Gehirn die eigenen Gefühle nach individuellen Regeln herstellt.

Das erklärt zum einen, warum wir nicht alle dieselben Gefühle in derselben Situation fühlen. Es zeigt zum anderen, dass die Art und Weise, wie wir fühlen, zeitlebens veränderbar ist. Denn etwas, was du gelernt hast, kannst du verlernen und durch neue Verbindungen ersetzen. Das ist der Kern von emotionaler Entwicklung.

Ein äußerer Umstand kann Auslöser für ein Gefühl sein – die Tatsache, dass deine Partnerin oder dein Partner sich verspätet –, er ist jedoch nicht der Grund dafür. Der Grund ist deine eigene Verfasstheit, also die Art, wie du mit dir und der Welt umgehst. Der Grund wäre in diesem Fall, dass du auf Pünktlichkeit großen Wert legst oder dass du an der Pünktlichkeit eines Menschen den Wert misst, den dir dieser gibt.

Diese Erkenntnis vergrößert deinen Einfluss darauf, wie du dich in deinen Beziehungen fühlst, denn es kommt auf deine Werte und Maßstäbe an, die du an eine Situation ansetzt. Du kannst prüfen, ob du deine Wertmaßstäbe verändern möchtest, oder du kannst bewusst darauf achten, dass du bei der Wahl deiner Liebespartner oder Liebespartnerinnen über deine Werte sprichst und feststellst, ob es genügend Übereinstimmungen gibt.

Die Tatsache, dass Gefühle immer vor dem Hintergrund deiner Erwartungen, Prägungen und Werte entstehen, gibt dir gleichzeitig auch die Verantwortung dafür, wie du mit allen inneren und äußeren Impulsen umgehst. Wenn du sauer bist, weil dein Partner oder deine Partnerin zu spät gekommen ist, dann könntest du dich fragen: »Habe ich ausreichend klar kommuniziert, wie wichtig mir pünktliches Erscheinen ist?« Wenn das nicht der Fall ist, dann nimm dir vor, beim nächsten Mal klarer zu kommunizieren.

Gefühle haben weitere spezifische Eigenheiten. Es ist nicht möglich, nur bestimmte Gefühle zu haben. Wenn du intensiver fühlen willst, dann bekommst du das ganze Spektrum an Gefühlen serviert: die schönen und leichten, aber auch die schweren, die belastenden, die schmerzhaften. Wenn du etwas Schönes wie Liebe fühlst, dann entsteht sogleich die Angst, dass du dieses Schöne verlieren könntest. Insofern gilt: Wer (Glück) fühlen will, muss leiden.

Allerdings steckt gerade auch in den schweren Gefühlen eine Chance für Erkenntnis und ein intensives Lebensgefühl. Du bist schweren Gefühlen nicht ausgeliefert, wenn du lernst, sie richtig zu deuten und die richtigen Schlüsse für deine Handlungen zu ziehen. Suche dir Rat oder Zuspruch von einer Vertrauensperson, wenn du gerade angespannt oder ängstlich bist. Du kannst dich dafür entscheiden, trotz deiner Angst neue Dinge auszuprobieren, und du musst damit nicht allein sein.

Wer sich trotzdem vor schweren Gefühlen fürchtet, dem

hilft vielleicht noch folgende Einsicht: Gefühle kommen und gehen. Sie haben einen Anfang und ein Ende. Betrachte das Gefühl wie einen Tunnel. Du musst durchfahren und am Ende des Gefühls ist wieder Licht.

Du kannst dich für das öffnen, was Gefühle über dich und deine Werte sagen – oder du verschließt dich und erlebst dadurch ein eingeschränktes Energielevel, Unzufriedenheit und sexuelle Unlust. Nicht ausgelebte Gefühle führen zu Stress. Das heißt, wir sind gefordert, sie zu erleben, sie durchzuleben. Wenn du das unterbindest, dann setzt du dein System unter permanenten Stress. Es kann dir helfen, wenn du dir Räume suchst, in denen du deine Gefühle ungestört ausdrücken kannst. Dazu gehören Tränen, Geräusche, Schluchzen, Schreie oder Fluchen. All diese Ausdrucksformen sind entlastend.

Sorge auch dafür, dass du deine Gefühle nicht ungehemmt auf andere Menschen loslässt. Es sind *deine* Gefühle und sie haben mit anderen Menschen oft nicht so viel zu tun, wie du im Moment des Affekts glaubst. Suche dir einen geschützten Ort für deine Gefühle, nimm sie wahr und habe sie bei dir, aber lasse sie nicht ungefiltert auf deine Mitmenschen los.

Zum Schluss noch ein letztes wichtiges Merkmal von Gefühlen: Gefühle können dich in die Irre führen. Das ist dann der Fall, wenn du glaubst, dass deine Gefühle etwas über »die Wahrheit« oder die Wirklichkeit der anderen erzählen. Ich fühle mich abgelehnt und schließe daraus, dass der andere mich ablehnt. Ich fühle mich klein und wertlos, weil der andere mich grimmig angeschaut hat und mir damit zu verstehen gibt, dass er mich nicht schätzt – denke ich.

In beiden Fällen schließe ich von meinem Gefühl auf die Intention des anderen. In beiden Fällen fühle ich mich aufgrund der eigenen inneren Verfassung klein. Ich habe vermutlich eine innere Bereitschaft, negative Glaubenssätze zu hören, die ich dann auf meine Umwelt projiziere. Es liegt jedoch an mir, ob ich mich durch ein grimmiges Gesicht abgelehnt fühle oder ob ich frage: »Hey, was ist mit dir los?«

Gefühle neigen dazu, uns ihre Wirklichkeit aufzudrängen: Weil ich ärgerlich bin, glaube ich, dass ich einen objektiven Grund für Ärger habe. Und wenn ein Gefühl aktiv ist, dann fällt es uns schwer, dieses als *eine* Möglichkeit der Wahrnehmung und Deutung zu sehen. Wir meinen, es erzählt uns etwas über die objektive Wahrheit.

So schön die Entdeckung der Gefühle ist, so wichtig ist ihre Relativierung. Du bist nicht dein Gefühl. Du bist viel mehr als das. Und du hast die Möglichkeit, deine Gefühle mit Abstand zu betrachten. Du musst dich nicht in jedes Gefühl hineinfallen lassen. Du kannst wählen.

Könntest du dich von deinem unmittelbaren Gefühl distanzieren, dann würden dir die Perspektiven der anderen vermutlich genauso einleuchten wie deine eigenen. Und genau darum geht es: Fühle deine Gefühle, pflege sie und teile sie mit vertrauten Menschen. Aber glaube nicht, dass deine Gefühle die Wahrheit über die Welt oder deinen Partner oder deine Partnerin erzählen. Sie erzählen einzig und allein von dir und deinen Bedürfnissen.

Beziehungen sind glücklich, wenn Bedürfnisse befriedigt werden

Wer eine lange, glückliche Beziehung führen will, der muss im Grunde nur eine einzige Sache verstehen: Wir haben Bedürfnisse und sind dann glücklich, wenn wir unsere Bedürfnisse ausreichend gut erfüllen können.

Bedürfnisse an sich sind vollkommen normal und »unschuldig«. Jedes menschliche Bedürfnis ist nachvollziehbar und in Ordnung. Worüber wir streiten können, ist die *Strategie*, mit der du ein bestimmtes Bedürfnis erfüllst.

Du kannst gleichzeitig Bedürfnisse haben, die zueinander im Widerspruch stehen können – das Bedürfnis nach Sicherheit und das Bedürfnis nach Abenteuer zum Beispiel. Manche Bedürfnisse werden in unserer Gesellschaft als legitim angesehen, andere nicht. Das bedeutet, wir lernen schon früh, was ein erlaubtes Bedürfnis ist und welche Bedürfnisse du besser vor anderen verbirgst. Vielleicht hast du das so gründlich umgesetzt, dass du bestimmte Bedürfnisse gar nicht mehr wahrnimmst, weil du schmerzlich gelernt hast, dass es keine Befriedigung dafür geben kann.

Viele Menschen wissen wenig über ihre eigenen Bedürfnisse. Häufig bemerken wir unsere Bedürfnisse nicht. Deshalb wirken sie aus dem Unterbewusstsein heraus und bringen uns in Handlungen, die wir nicht bewusst wählen. Statt offen und klar für die Erfüllung unserer Wünsche einzustehen, greifen wir zu Manipulationsversuchen oder Machtspielen, mit denen wir den Partner oder die Partnerin für unsere Bedürfnisbefriedigung einsetzen wollen. Das macht eine Beziehung auf Dauer kaputt.

Es ist normal, dass zwei Menschen in einer Paarbeziehung Bedürfnisse haben, die nicht zueinander passen. Weil es aber bedrohlich erscheint, über diese Abweichungen zu sprechen, werden die »unerlaubten« Bedürfnisse nicht thematisiert, sondern verdrängt. Konflikte in Beziehungen entstehen jedoch, weil es unterschiedliche Bedürfnisse bei den Beteiligten gibt, die in Widerspruch geraten und im Verborgenen gegeneinander kämpfen. Die Beteiligten wissen oft gar nicht, welche Bedürfnisse eigentlich miteinander streiten.

Wenn Bedürfnisse nachhaltig befriedigt werden sollen, dann müssen die Konflikte innerhalb einer Beziehung offen und transparent ausgetragen und gelöst werden. Es braucht einvernehmliche Kompromisse und das Einvernehmen muss wieder und wieder hergestellt werden.

In vielen Beziehungen wird die Lösung dieser Bedürfnis-Widersprüche durch Ignoranz versucht herzustellen: Du sollst bestimmte Bedürfnisse nicht haben, weil das nicht meinen Vorstellungen entspricht. Die Vorstellung dahinter lautet: Wenn wir uns wahrhaftig lieben, haben wir dieselben Bedürfnisse. Das ist ein sogenannter Glaubenssatz, also eine Annahme darüber, was wahr ist. Glaubenssätze hast du von anderen Menschen übernommen, und du hast immer die Wahl, ob du einen Glaubenssatz für dich behalten möchtest oder ihn kritisch hinterfragst.

Bedürfnisse lassen sich aufschieben und auch verdrängen. Aber je mehr und je länger sie verdrängt werden, desto mächtiger werden sie irgendwann ihr Recht einfordern. Das ist der Grund, warum Menschen, die etwas Verbotenes tun, das Gefühl haben, dass ihnen dieser verbotene Genuss zusteht. Sie haben lange genug auf etwas verzichtet. Und wie fühlt sich ein Leben an, das geprägt ist durch Verzicht? Es fühlt sich beklemmend und ganz bestimmt nicht verliebt und unbeschwert an. Deshalb wird Liebe in vielen Beziehungen so quälend. Weil sie die Menschen an der Befriedigung ihrer Bedürfnisse hindert. Aber nicht die Liebe hindert, sondern die Angst, mit der die Liebe beschützt werden soll.

Eine glückliche Liebe will Bedürfnisse erkennen und für Erfüllung sorgen. Langfristig tragfähig sind Beziehungen dann, wenn Bedürfnisse nicht mehr verdrängt, verboten oder abgewertet werden. Wenn Menschen anfangen, die eigenen Bedürfnisse differenziert und in all ihrer Widersprüchlichkeit wahrzunehmen und sogar gegenüber dem Partner oder der Partnerin auszusprechen. Erst dann können wir beginnen, gemeinsam nach guten Strategien zu suchen.

Wenn du Entfremdung in deiner Beziehung oder gar Untreue verhindern willst, dann musst du zwei Dinge lernen: Lerne alles über deine Bedürfnisse und deine Strategien zur Befriedigung deiner Bedürfnisse. Lerne, wie du innerhalb deiner Beziehung auch für widersprüchliche Bedürfnisse Raum schaffst, indem du eure Konflikte offen und kompromissbereit angehst. Wie das geht, werde ich dir jetzt erklären.

Bedürfnisse verstehen und Hindernisse aus dem Weg räumen

Ich möchte dich im Folgenden mit Konzepten vertraut machen, die dir helfen können, dein eigenes Gehirn und seine Verhaltensweisen unter die Lupe zu nehmen, um mehr Befriedigung und Erfüllung zu erlangen.

Grundsätzlich musst du wissen: Menschen werden niedergeschlagen, energielos, gelangweilt, müde oder gereizt, wenn sie dauerhaft und regelmäßig eigene Bedürfnisse ignorieren oder nicht wissen, wie sie einen gesunden Zyklus von Bedürfniswahrnehmung und Bedürfnisbefriedigung herstellen. Es gibt Verhaltensweisen, mit denen du diesen Zyklus unterbrichst. Meistens sind uns diese Verhaltensmuster nicht bewusst und es bedarf einiger Mühe, um dir dabei selbst auf die Schliche zu kommen.

Aber fangen wir von vorne an. Unser ganzes Leben besteht aus einem unaufhörlichen Ablauf von aufkommenden Bedürfnissen und deren Befriedigung. Ein Bedürfnis kommt, sucht sich Befriedigung und geht. Dann kommt ein neues.

Ich spüre in meinem Körper ein Signal und merke, dass ich Appetit habe. Mir kommt ein Apfel in den Sinn und ich fasse den Entschluss, in die Küche zu laufen und die süße Frucht zu essen. Ich nehme den Apfel, wasche ihn, schneide ihn in Stücke und beiße schließlich hinein. Ich kaue den Apfel sorgfältig, schlucke und genieße das schöne Gefühl der frischen Süße. Mein Appetit vergeht.

Dieser Kreislauf zeigt beispielhaft den Ablauf von Bedürfniswahrnehmung, Kontaktaufnahme und Bedürfnisbefriedigung. Ein gesunder Ablauf beginnt mit dem körperlichen Signal. Erst dann kommt der Gedanke dazu, was zu tun ist, dann die Handlung und zum Schluss verschwindet das Körpersignal, schenkt ein Gefühl der Befriedigung und macht Platz für ein neues. Wenn dieser Kreislauf ungestört ablaufen kann, ist ein Mensch mit sich und der Welt zufrieden, denn er kann seine Bedürfnisse stillen.

Leider ist dieser Kreislauf störungsanfällig – von außen und von innen. Jeder Mensch hat individuelle Prägungen entwickelt, wie er seinen eigenen Befriedigungszyklus unterbricht und schlussendlich keine Befriedigung erfährt, sondern irgendwo stecken bleibt. Wenn du deine eigene Programmierung in diesem Zusammenhang besser kennenlernen willst, dann kannst du zunächst fragen, an welchen Stellen im Zyklus du hängen bleibst.

Um beim Apfel-Beispiel zu bleiben: Nimmst du überhaupt deinen Hunger wahr, oder isst du viel zu früh aus Gewohnheit und hast deshalb nie diesen klaren, inneren Hungerimpuls? Oder hast du Appetit und gehst sofort an den Schokoladenschrank? Der gesunde und nachhaltig hungerstillende Apfel kommt dir gar nicht in den Sinn? Oder denkst du zwar an den Apfel, aber dann lenkt dich ein Telefonat ab und du vergisst deinen zuvor verspürten Wunsch? Oder gibt es nur noch einen Apfel und du denkst, dass du diesen für dein Kind aufschneiden musst, damit es ein paar Vitamine bekommt? Oder gibt es gerade keinen Apfel mehr und du nimmst dir nicht die Zeit, einkaufen zu gehen? Oder nimmst du den Apfel und schlingst ihn hinunter, ohne gründlich zu kauen?

Der einfache Ablauf kann auf vielfältige Weise unterbrochen werden: weil ich etwas nicht wahrnehme, weil ich es nicht ernst nehme, weil ich mich nicht traue, weil ich die Mühe scheue, weil ich mir nicht die Zeit nehme, weil ich anderes wichtiger nehme.

Wir alle haben die Tendenz, uns selbst irgendwo im Zyklus der Bedürfnisbefriedigung zu unterbrechen und den Kreislauf nicht vollständig auszuführen. Und dies bezieht sich auf alle Bedürfnisse, die der Mensch haben kann: berührt zu werden, gesehen zu werden, verstanden zu werden, geliebt zu werden, zu lieben und zu berühren, sich selbstwirksam und autonom zu fühlen, zu sprechen und zu schweigen, tätig zu sein und zu ruhen. Nicht jedes Bedürfnis ist gleich stark körperlich wahrnehmbar, aber alle Bedürfnisse haben körperliche Ausprägungen. Wenn ich meinen Hunger ignoriere, wird mein Körper irgendwann eine Heißhungerattacke produzieren. Andere Bedürfnisse kann ich länger unterdrücken – das Bedürfnis nach Anerkennung oder Zuwendung, aber auch hier wird sich die mangelnde Befriedigung irgendwann körperlich zeigen.

Deshalb zählt es zu den essenziellen Aufgaben, dass du deine Bedürfnisse sowie deinen persönlichen Umgang damit kennenlernst. Der Einstieg gelingt am leichtesten, wenn du dich auf die körperlich leicht spürbaren Bedürfnisse wie Hunger und Schlaf konzentrierst.

Nimmst du Bedürfnisse konkret in deinem Körper wahr?

Wenn ja, kommst du dann auf adäquate Ideen, wie du dem wahrgenommenen Signal sinnvoll begegnen willst?

Wenn ja, fällt dir zu der Idee eine konkrete Handlung ein, die du umsetzen könntest?

Wenn ja, führst du dann die Handlung tatsächlich aus?

Wenn ja, führst du die Handlung bis zum Ende aus? Bleibst du dabei und lässt dich nicht ablenken?

Wenn ja, freust du dich über die Handlung und das Ergebnis? Gönnst du dir diesen Genuss?

Wenn du überall mit Ja geantwortet hast, dann hast du eine robuste Fähigkeit, deine Bedürfnisse zu befriedigen und fühlst dich meistens mit dir und deinem Leben wohl. Wenn du an einer oder sogar an mehreren Stellen mit Nein geantwortet hast, dann findest du darin einen Hinweis, an welchen Stellen du persönlich ansetzen kannst, um deine eigene Glücksproduktion zu verbessern.

Hast du Probleme dabei, überhaupt Bedürfnisse und Gefühle in deinem Körper wahrzunehmen? Dann konzentriere dich auf die Wahrnehmung deiner Körperempfindung.

Fühle in dich hinein und schenke jeder kleinen Veränderung Aufmerksamkeit. Beschreibe das, was du wahrnehmen kannst. Gib deinen Entdeckungen neue Namen und erzähle anderen davon.

Nimmst du Körpersignale und Gefühle wahr, aber hast überhaupt keine Idee, welches Bedürfnis sich mit diesen Signalen verbindet? Öffne deine Wahrnehmung für Kreisläufe, die du bereits kennst, und mache dir jeden einzelnen Schritt bewusst.

Ich fühle Unruhe in meinem Körper. Ich bekomme die Idee, einen Mittagsschlaf zu machen. Ich sage den anderen Bescheid, dass sie mich nicht stören sollen. Ich ziehe mich in ein ruhiges Zimmer zurück und schließe die Tür ab. Ich lege mich gemütlich hin, decke mich zu und schlafe ein halbes Stündchen. Wenn ich erwache, prüfe ich, ob die körperliche Unruhe noch da ist, und stelle fest, dass sie verschwunden ist. Stattdessen ist da eine wohlige Gelöstheit.

Versuche jeden einzelnen Schritt mit Aufmerksamkeit durchzuführen und dich nicht ablenken zu lassen. Wenn du dich doch ablenkst, dann erinnere dich freundlich, aber bestimmt an deine Aufgabe: Setze erneut an der Stelle ein, an der du gerade abgelenkt warst, und schließe den Kreislauf.

Finde heraus, an welchen Stellen im Kreislauf du typischerweise aussteigst. Und dann richte deine Aufmerksamkeit besonders auf diese Momente. Nimm dir vor, dass du den Kreislauf zukünftig regelmäßig vollständig durchlaufen willst. Je mehr Aufmerksamkeit du dort hinlenkst, desto kreativer werden deine Einfälle. Achte darauf, dass du Handlungen ausführst, mit denen du deine Bedürfnisse befriedigen kannst.

Du weißt jetzt schon mehr darüber, wann du typischerweise deine eigene Bedürfnisbefriedigung unterbrichst. Die nächste Frage lautet: Wie und wovon lässt du dich selbst von deiner eigenen Bedürfnisbefriedigung abbringen? Es gibt fünf typische Grundmuster, mit denen du dir Befriedigung verwehrst. Um auf Ideen zu kommen, helfen dir die folgenden fünf Muster, die du für dich prüfen kannst. Sie alle beschreiben bestimmte Verhaltensweisen, mit denen du dich dabei behindern könntest, deinen eigenen Kreislauf zur Bedürfnisbefriedigung abzuschließen: Glaubenssätze, Projektionen, negatives Selbstbild, Unberührbarkeit und Harmoniesucht.

Muster 1: Glaubenssätze »So ist die Welt«

Glaubenssätze, auch Introjektionen genannt, sind mächtige Ordnungsprinzipien in dir. Es sind moralische und normative Annahmen und Vorstellungen über die Welt, die du im Laufe deines Lebens von anderen Menschen gelernt und übernommen hast. Deshalb nennt man Glaubenssätze auch internalisierte Fremdprogramme.

Glaubenssätze kommen dir als objektiv gegeben und definitiv gültig vor. Das sind Sätze wie »Zuerst die Arbeit, dann das Vergnügen« oder »Wenn du fremdgehst, liebst du mich nicht«. Dazu zählen auch Sätze, die mit »Man soll«, »Man muss doch«, »Man kann doch nicht«, »Ich darf nicht«, »Liebe ist …« beginnen.

Ein Glaubenssatz ist dann hinderlich, wenn er dir verbietet, bestimmte Bedürfnisse aus deinem Inneren wahrzunehmen und zu äußern. Mit Glaubenssätzen hältst du dich davon ab, ein Bedürfnis ernst zu nehmen, du verbietest dir bestimmte Handlungen oder kommst gar nicht auf die Idee, in bestimmter Weise zu handeln. Du kannst dich folglich immer fragen: Welcher Glaubenssatz steht hinter einer bestimmten Handlung und möchte ich, dass dieser Glaubenssatz weiterhin für mich Gültigkeit besitzt?

Ich habe das Bedürfnis, von meiner Freundin in den Arm genommen zu werden. Ich denke aber, dass sie das doch von allein machen müsste, weil sie ja sieht, dass ich traurig aussehe. Also frage ich sie nicht, sondern bin enttäuscht, dass sie mich nicht den Arm nimmt. Ich vermute sogar, dass sie mich wahrscheinlich nicht liebt, da sie mir dies durch ihre Nichtzuwendung zeigt.

Der Glaubenssatz in diesem Beispiel lautet: Wenn jemand mich liebt, dann liest er mir meine Wünsche von den Augen ab und gibt mir, was ich brauche. Statt zu denken, dass Liebe wortlos funktioniert, ergreife die Initiative und sag deiner Freundin, dass du berührt werden möchtest.

Muster 2: Projektionen »Du bist so, wie ich es nicht fühlen will«

Du projizierst innere Anteile, die du nicht an dir magst, nach außen. Du siehst an anderen Leuten Wesensaspekte oder Verhaltensweisen, die du an dir selbst ablehnst. Auch Deutungsweisen oder Annahmen können projiziert werden: »Du bist aggressiv«, »Ich kann an dir nicht leiden, dass …«, »Du bist schuld, dass …«, »Ich erwarte von ihm nichts Gutes«.

Projektionen verzerren unsere Wahrnehmung. Es kommt uns so vor, als wäre jemand anderes daran schuld, dass die eigene Bedürfnisbefriedigung misslingt. Wenn ich die Projektion aufdecke, wird sichtbar, wann und wie ich die Sabotage selbst durchführe. Statt Schuldzuweisungen auszusprechen, kann ich mich fragen: Was habe ich selbst getan (oder nicht getan), um meinen Wunsch zu erfüllen?

Ich habe mich sehr auf den Abend mit meiner Partnerin gefreut. Leider haben wir uns bei den Absprachen missverstanden und nun warte ich seit einer halben Stunde. Meine Partnerin kommt in den Raum und hat einen – wie ich finde – steifen Gesichtsausdruck. Sofort werde ich sauer und werfe ihr vor, dass sie die Stimmung versaut. Sie reagiert gereizt. Der Abend ist gelaufen.

Die Projektion lautet: Ich spüre Ärger beim Warten. Um

mir selbst einen Grund für diesen Ärger zu geben, lese ich im Gesicht des Partners oder der Partnerin schlechte Stimmung und nimm dies zum Anlass, meine schlechte Laune zu rechtfertigen. Die Lösung wäre, zu überprüfen, wie es zur Verspätung des Partners gekommen ist, indem ich nachfrage, ob wir uns missverstanden haben. Ich sorge für eine gute Stimmung in mir selbst und entscheide mich, es nicht so tragisch zu finden, dass unser Abend eine halbe Stunde kürzer ist. Den steifen Gesichtsausdruck nehme ich nicht als Angriff gegen mich wahr, sondern interessiere mich für mein Gegenüber: »Du wirkst angespannt auf mich, was beschäftigt dich gerade?«

Muster 3: Negatives Selbstbild »Was bin ich schon?«

Die Wut gegen uns selbst entsteht, wenn Aggression nicht nach außen gerichtet werden kann, weil es zu gefährlich oder nicht erlaubt ist. In der Fachsprache nennen wir diesen Mechanismus »Retroflexion«. Die Wut, die natürlicherweise in uns entsteht, muss irgendwo hin. Viele Menschen richten diese Wut dann gegen sich selbst. Statt Ärger konstruktiv auszudrücken, werde ich depressiv, lehne mich selbst ab. Selbstzweifel, Selbsthass, Selbstverurteilung sind Ausdrücke dieser Strategie. Ich glaube, dass ich nichts Gutes verdiene und handle entsprechend destruktiv. Das Versagen von Befriedigung kann regelrecht Programm sein: ein Programm zur Selbstbestrafung. Es kommt oft im Zusammenhang mit Depressionen und Perfektionismus vor.

Ein Paar kommt am Abend nach Hause. Sie möchte gerne noch Sex. Er sagt, er sei müde. Sie macht ein bis zwei Annäherungsversuche und sagt schließlich ungeduldig und in ruppigem Ton: »Nie bekommst du einen hoch, wenn man es braucht.« Der Mann verstummt. Beide liegen dann im Ehebett, jeder eisig unter der eigenen Decke. Der Mann liegt die gesamte Nacht wach und denkt über sein Versagen nach, anstatt sich über die Aggression der Frau zu ärgern und diesen Ärger auszudrücken.

Die negative Selbstbewertung zeigt sich hier wie folgt: Der Mann hätte guten Grund, seine Frau aufzufordern, ihn nicht in dieser Weise abzuwerten. Stattdessen schweigt er dazu, weil er insgeheim seiner Frau zustimmt. Er hält sich für einen sexuellen Versager und bestraft sich durch gemeine Gedanken über sich selbst.

Der Abbau der negativen Selbstbewertung ist eine überaus intensive Angelegenheit. Wenn du es gewohnt bist, negativ über dich zu denken, dann braucht es tatsächlich große Willenskraft und viel Übung, um deinem Gehirn einen liebevollen Blick auf dich selbst beizubringen. Wenn ein Paar erkennt, dass Selbstabwertung eine Rolle spielt, dann hilft es, wenn *beide* damit beginnen, die negativen Bewertungen der eigenen Person aufzulösen und sich dabei gegenseitig zu unterstützen.

Muster 4: Unberührbarkeit »Das ist mir egal«

Die Abwehrhaltung führt dazu, dass Impulse von außen nicht zum inneren Kern vordringen können. Wenn dir alles egal ist, kann dich nichts verletzen. Wenn du keine Gefühle spürst, spürst du auch keinen Schmerz. Wenn du unberührbar bist, brauchst du dich weder zu interessieren noch zu engagieren. Alles perlt ab, nichts erreicht dich. Du sagst häufig »Ja, aber«, setzt ein unechtes Lächeln auf oder machst ein Pokerface. Zynismus und Sarkasmus sind ebenfalls Formen der Unberührbarkeit.

Abwehr kann nach innen und nach außen stattfinden. Du kannst dich unberührbar machen für die Wahrnehmung deiner Bedürfnisse, und du kannst die Wünsche und Angebote deiner Umgebung übersehen. Du bleibst in deiner abgeschotteten Welt, und da dich wenig berührt, bleibst du oft unberührt. Du kannst deine Bedürfnisse nicht aktiv befriedigen, weil du sie nicht wahrnimmst und weil du Zuwendung von anderen nicht annehmen kannst.

Ein Paar sitzt mit Freunden in einer geselligen Runde beisammen. Die Stimmung ist ausgelassen. Plötzlich beginnt der Mann amüsiert davon zu erzählen, wie seine Frau sich geschämt hat, als sie jüngst eine kleine Operation an der Brust hat vornehmen lassen. Die Frau sitzt mit eingefrorenem Lächeln in der Runde und hält ihren Oberkörper kerzengerade.

Die Frau tut so, als hätte keine Entblößung oder Demütigung stattgefunden und macht gute Miene zum bösen Spiel. Womöglich überzeugt sie sich sogar selbst davon, dass die Art und Weise, wie ihr Mann in der Öffentlichkeit über sie redet, in Ordnung wäre. Mit abwehrendem Verhalten schützt sich die Frau vor der unangenehmen Situation. Tatsächlich kann dieses Verhalten – bewusst eingesetzt – sogar hilfreich sein, um eine unbehagliche Situation zu überstehen. Anschließend ist es jedoch nötig, dass die Frau den Mann mit ihrem Unbehagen konfrontiert und dieser nachvollzieht, dass er nicht sensibel gehandelt hat.

Muster 5: Harmoniesucht »Du und ich sind immer eins«

Die übersteigerte Sehnsucht nach Harmonie – die Konfluenz – bringt viele Menschen dazu, die eigenen Bedürfnisse nicht zu befriedigen, weil die Symbiose wichtiger erscheint: »Wir zwei gegen den Rest der Welt.« Die Gruppe ist wichtiger als das Individuum. Harmoniesucht ist ein Killer für Bedürfnisbefriedigung, weil ich nicht frei auf mich schauen kann, sondern immer das vermeintlich Gemeinsame über mein Eigenes stelle und damit mit großer Wahrscheinlichkeit mein eigenes Bedürfnis verfehle.

Immer dann, wenn du deine Bedürfnisse unterordnest um des »lieben Friedens willen«, oder um deinen Partner, deine Partnerin oder deine Freunde nicht zu enttäuschen, bahnt sich die Harmoniesucht ihren Weg nach oben.

Übe dich darin, deine ganz eigenen Bedürfnisse zu benennen. Wenn sie in einen Widerspruch zu anderen Bedürfnissen geraten, dann sucht gemeinsam nach einem Weg, wie alle Bedürfnisse berücksichtigt werden können.

Hast du dich beim Lesen vielleicht in der ein oder anderen Verhaltensweise selbst wiedergefunden? Hast du starke Glaubenssätze, die dich von deinen eigenen Empfindungen und Bedürfnissen ablenken? Oder hast du immer das Gefühl, die anderen seien schuld? Dann wäre es sinnvoll, deine Projektionen zu untersuchen. Hast du ein starkes negatives Selbstbild oder gehörst du zu den Unberührbaren? Oder tust du alles, um den anderen nicht zu verlieren oder den kleinsten Streit zu vermeiden? *Was ist deine eigene Spezialität, wie du dafür sorgst, dass du nicht bekommst, was du brauchst?*

Alle deine Mechanismen hast du im Laufe des Lebens in deinem Gehirn gespeichert. Je stärker und hartnäckiger eine Prägung ist, desto früher in deinem Leben ist sie entstanden. Alle Muster sind ursprünglich kindliche Schutzmechanismen, mit denen dein früheres Ich versucht hat, in kritischen Situationen Schutz und Halt zu finden. Das Verrückte ist, dass diese Mechanismen tatsächlich funktioniert haben: Du hast dich abgeschottet, um den Schmerz nicht zu fühlen, wenn du im Kindergarten gehänselt wurdest und niemand dir beigestanden hat. Du hast Lob der Mutter bekommen, wenn du ganz besonders fleißig und brav warst. Du hast dich sicher gefühlt, wenn du dich immer nach der Meinung anderer orientiert hast.

Damals war das eine Lösung, um dich vor Überforderung zu schützen. Doch heute sind diese Verhaltensweisen ein Problem, wenn sie dich von deiner eigenen Bedürfnisbefriedigung abhalten. Wie Kinderschuhe, die zu klein geworden sind. Zieh sie aus. Gehe ins Kaufhaus und kaufe dir neue, schöne Schuhe. Oder noch besser: Lauf mal barfuß. Spüre den Boden, das Gras unter deinen Füßen. Tu etwas Ungewöhnliches, etwas für dich selbst Überraschendes und erlaube deinem Gehirn, die alten Bahnen zu verlassen. Mit jeder Befriedigung, die du dir zugestehst, wirst du dich satter fühlen, runder, reicher und vor allem richtig in dieser Welt.

Fragen, zuhören und Abstimmung herstellen

Wenn deine Beziehung kriselt oder langweilig geworden ist, dann fehlt es an Abstimmung. Das heißt: Es fehlt gegenseitiges Wissen. Wie fühlt sich der andere? Wie nimmt er wahr? Was sind die Bedürfnisse? Was sind aktuell persönliche Schwierigkeiten und Herausforderungen? Wovon träumt die Partnerin oder der Partner? Wie blockiert sie oder er sich? Welche Unterstützung wünscht sie oder er sich?

Die folgenden Überlegungen und konkreten Vorschläge basieren auf den Forschungsarbeiten der amerikanischen Psychologen John und Julie Gottman, die über 30 Jahre lang Paare erforscht und studiert haben. Gegenseitiges Wissen ist den Gottmans zufolge die zentrale Grundvoraussetzung für glückliche Langzeitbeziehungen.

Was kannst du tun, um gegenseitiges Wissen herzustellen? Macht es euch zur Gewohnheit, täglich kurz, aber regelmäßig miteinander über relevante Themen zu sprechen, sodass ihr ein Gespür für die derzeitigen Befindlichkeiten bekommt. Ihr könnt zu Beginn leichter über Themen sprechen, die außerhalb der Paarbeziehung liegen. Ihr müsst nicht sofort mit den Themen eurer Beziehung einsteigen, die euch wehtun oder bedrohlich sind.

Das Ziel dieser Gespräche ist die Abstimmung. Es geht dabei darum, dass sich beide Seiten vom jeweils anderen verstanden und gesehen fühlen. Es geht noch nicht darum, eine Lösung für bestimmte Probleme oder Konflikte zu finden, sondern lediglich um gegenseitiges Nachvollziehen und Einfühlen, das beispielsweise mit diesen Sätzen zum Ausdruck gebracht werden kann:

»Du fühlst dich im Augenblick überfordert.«

»Du bist traurig und weißt selbst nicht warum.«

»Du hast Angst, dass du meinen Erwartungen nicht gerecht wirst.«

»Du fühlst dich im Augenblick nicht genug gesehen von mir und deshalb bist du einsam.«

»Du hast im Augenblick zu viele Baustellen gleichzeitig und findest zu wenig Raum für Erholung.«

Egal, welches Gefühl oder welche Befindlichkeit ausgedrückt wird, es darf einfach da sein. Es muss keine Lösung oder Erklärung dafür gefunden werden. Ziel ist es, mehr über den anderen herauszufinden und das Einfühlungsvermögen zu trainieren.

Um Abstimmung herzustellen, sind einige Schritte notwendig. Diese möchte ich dir im Folgenden erklären.

Schritt 1: Fasse deine Gefühle in Worte

Es ist immer wieder erstaunlich, wie schwer es für viele Menschen ist, ihre eigenen Gefühle in Worte zu fassen. Dabei ist diese Fähigkeit so relevant, weil Gefühle unser Handeln zentral beeinflussen. Wer seine Gefühle nicht in Worte fassen kann, der weiß nicht, warum er die Dinge tut, die er tut. Wenn es dir schwerfällt, Worte zu finden, dann hole dir Unterstützung bei deinem Partner oder deiner Partnerin. Probiere Wörter aus und fühle in deinen Körper hinein, ob sich ein Wort richtig anfühlt. Wenn nicht, dann versuche ein neues. Suche so lange, bis du in dir spürst, dass du das richtige Wort gefunden hast.

Schritt 2: Stelle offene Fragen

Vermeide Fragen, die sich mit Ja oder Nein beantworten lassen. Du möchtest mit deinen Fragen zum Erzählen auffordern. Statt zu fragen: »Hattest du auf der Arbeit einen guten Tag?«, fragst du lieber: »Wie war dein Tag? Erzähl mal! Was hat dich heute beschäftigt?« Fragen sind deshalb wichtig, weil wir häufig erst dann realisieren, wie es uns gerade geht, wenn wir die Möglichkeit bekommen, es in Worte zu fassen. Gute Fragen sind auch: Wie möchtest du dir heute noch Gutes tun? Was ist dir heute noch wichtig? Wie kann ich dich unterstützen, dass du heute zu dem kommst, was dir wichtig ist? Gibt es etwas, das du dir von mir wünschst? Als Zuhörer möchtest du dich in dein Gegenüber einfühlen. Also sei neugierig und frag nach, wenn du etwas nicht verstanden hast.

Schritt 3: Vertiefe den Dialog durch Spiegelung

Wiederhole die Aussagen deines Gegenübers mit eigenen Worten. Stelle dabei keine Vermutungen oder Interpretationen an. Wiederhole nur das, was du hörst. Es hilft, so zu beginnen: »Ich höre, du sagst …« Wenn du nicht richtig liegst, ist das nicht schlimm. Im Gegenteil, denn so kann dein Partner oder deine Partnerin noch einmal neue Worte suchen und seine oder ihre Gedanken präzisieren. Dein Spiegeln hilft, dass sich dein Gegenüber innerlich sortieren kann und ihr gleichzeitig feststellt, wann ihr euch verstanden habt.

Schritt 4: Zeige Mitgefühl und Empathie

Egal, welches Gefühl dein Gegenüber ausdrückt, es geht darum, dass du dich auf seine Seite stellst. Deine Aufgabe besteht darin, deutlich zu machen, dass du nachvollziehen und verstehen kannst. Bitte verzichte auf Ratschläge oder Lösungsvorschläge. Sei einfach da, höre zu und nimm daran Anteil. Es geht nicht darum, dass du die Probleme des anderen löst.

Wenn dein Gegenüber sagt: »Ja, jetzt fühle ich mich verstanden«, dann wechselt ihr die Rollen. Denkt bitte daran, dass ihr einander dankt, weil ihr euch bewusst zueinander hinwendet und Aufmerksamkeit schenkt. Denn das ist keine Selbstverständlichkeit, sondern Ausdruck eurer Verbindung und Zuneigung.

Häufig gibt es zwischen den Liebenden eine gegenseitige »Gefühlsansteckung«. Wenn der eine negative Gefühle erlebt und sagt: »Ich bin frustriert, weil wir so viel streiten«, fühlt sich der andere sogleich angeklagt, ganz egal, ob diese Anschuldigung tatsächlich ausgesprochen wurde oder nicht. Dadurch verhinderst du, dass du mit deinem Partner oder deiner Partnerin Mitgefühl haben kannst. In weiterer Folge seid ihr dann beide sauer aufeinander und findet keinen Weg mehr zueinander. Wenn du dieses Muster kennst, dann solltest du mehr über deine Möglichkeiten lernen, wie du deine Gefühle beeinflussen kannst und die Gefühle des anderen besser aushalten lernst.

Neben dem regelmäßigen Gespräch gibt es eine zweite wichtige Maßnahme, mit der du deine Beziehungsdynamik verändern wirst. Folgendes musst du dazu wissen: In einer festen Beziehung bitten beide Beteiligten den jeweils anderen immerfort um Unterstützung und Verständnis. Es kommt zu Aufforderungen. Manche Aufforderungen sind offensichtlich: »Holst du mir bitte die Kiste aus dem Keller?«, andere sind subtil. So kann der Satz »Ich liebe dich« möglicherweise dazu auffordern, in den Arm genommen zu werden. Viele Aufforderungen werden nicht klar und offen ausgesprochen und daher kommt es häufig zu Missverständnissen. Immer wieder werden Aufforderungen übersehen, falsch verstanden oder absichtlich ignoriert.

Wenn dein Partner oder deine Partnerin ein Bedürfnis zum Ausdruck bringt, hast du zwei Möglichkeiten: Du kannst die Tür zum anderen aufschieben, eintreten und auf das Bedürfnis reagieren. Oder du kannst die Tür zuziehen und weggehen. Deshalb sprechen John und Julie Gottman, die Paarforscher aus den USA, vom »Schiebetür-Moment«. Derjenige, der ein Bedürfnis hat und dabei erlebt, dass der andere sich abwendet, fühlt sich im Schiebetür-Moment allein gelassen oder einsam. Es ist nicht schlimm, wenn du einmal erlebst, dass sich deine Partnerin oder dein Partner abwendet und nicht auf deine Aufforderung eingeht, aber wenn das öfter vorkommt, dann wird die Beziehung Risiken ausgesetzt, denn die Abwärtsspirale in die Negativität beginnt.

Wenn es zu vielen missglückten Aufforderungs-Momenten gekommen ist, dann fragen sich die Beteiligten irgendwann: »Stehe ich eigentlich an erster Stelle oder sind andere Dinge oder Personen wichtiger?« Und schlussendlich fragt man sich: »Kann ich der Beziehung noch vertrauen?«

Der einzige Weg, der aus einem festgefahrenen Negativmuster führt, ist das Gespräch. Verletzungen müssen thematisiert und aus allen Perspektiven verstanden werden. Ohne eine Auflösung im Dialog wird es mit großer Wahrscheinlichkeit eine Abwärtsspirale geben, aus der es irgendwann kein Entkommen mehr gibt. Wenn die Krise schon da ist, dann suche aktiv und täglich nach genau diesen Momenten, in denen dich dein Partner oder deine Partnerin zu etwas auffordert. Du musst das Bedürfnis nicht prompt erfüllen, aber du kannst sagen: »Ich sehe, dass du dir wünschst, dass wir mehr Zeit zusammen verbringen, und ich verstehe, dass du das brauchst. Ich kann das gerade nicht erfüllen. Aber lass uns gemeinsam schauen, wie wir das besser hinbekommen.« Wichtig ist, dass es nicht bei Ankündigungen bleibt. Suche also deinerseits alsbald einen Zeitpunkt und komme auf das Bedürfnis deines Partners oder deiner Partnerin zurück: »Du hast ausgedrückt, dass du mehr Zeit mit mir verbringen möchtest. Lass uns jetzt bitte darüber reden, wie das aussehen könnte.«

Hinwendung bedeutet, dass ich den anderen mit seinem Bedürfnis sehe, dass ich ihm dies auch mitteile und mich positiv darauf beziehe, indem ich Verständnis für dieses Bedürfnis zeige. Auch wenn ich gerade nicht in der Lage bin, dieses Bedürfnis zu erfüllen, so macht es doch einen Unterschied, ob ich Verständnis dafür zeige oder ob ich es ignoriere. Wenn ich es ignoriere, dann bleibt mein Partner oder meine Partnerin allein. Das Vertrauen in mich schwindet. Und mit dem Vertrauen zerfällt allmählich der Kern der Liebe.

Hörgewohnheiten überprüfen

Ich komme nun zu einem faszinierenden Phänomen. Du kennst sicher die Situation, dass du denkst: »Mann, ich habe doch klar gesagt, was ich will. Warum kannst du das nicht berücksichtigen?« Oder du wirfst deiner Partnerin oder deinem Partner im Streit vor: »Du hast aber gesagt, dass du …« Und dann schreit dein Gegenüber zurück: »Habe ich gar nicht so gesagt! Aber du hast gesagt …«

Uff. Das ist eine normale, aber ärgerliche Situation. Wenn du das nächste Mal in dieser Situation bist, dann reagierst du anders und sagst: »Moment mal, du hast *gehört*, dass ich das so gesagt habe. Aber ich habe das *anders gemeint*.«

Kommunikation ist alles andere als einfach. Denn das, was gehört wurde, ist oft nicht das, was gesagt werden wollte. Das bedeutet, dass Streit auch dadurch entsteht, weil wir uns im Gespräch missverstehen, ohne es zu merken.

Der Kommunikationstheoretiker Friedemann Schulz

von Thun hat dazu ein hilfreiches Modell entwickelt, mit dem wir sichtbar machen können, wie Missverständnisse entstehen. Du kennst vielleicht das Modell von *Sender* und *Empfänger*. Der Sender hat eine mehr oder weniger bewusste Intention, die er mit seinen Worten und nonverbalen Signalen vermitteln will. Dabei muss er versuchen, seine Innenwelt durch Worte, Mimik und Gestik zu transportieren. Diesen Vorgang nennt man kodieren. Die Botschaft muss so transportiert werden, dass sie der Empfänger richtig versteht. Diesen Vorgang nennt man dekodieren. Und dieser Vorgang ist komplex und fehleranfällig.

Hier ein bekanntes Beispiel nach Schulz von Thun: Mann und Frau sitzen am Esstisch und essen. Sie hat eine Suppe gekocht.

Er: »Was ist das Grüne in der Suppe?«

Sie: »Koch halt selbst, wenn es dir nicht passt!«

Was ist passiert? Um die Szene zu verstehen, müssen wir wissen, dass eine Nachricht immer auf vier Ebenen gehört werden kann.

Auf der Sachebene: Was ist der Sachinhalt?

Auf der Appellebene: Was soll ich denken, fühlen, tun?

Auf der Beziehungsebene: Welche Aussage über mich steckt da drin?

Auf der Selbstoffenbarungsebene: Welche Aussage über dich steckt da drin?

Die Frau kann die Frage des Mannes also auf unterschiedlichen Ebenen interpretieren.

Auf der Sachebene: »Da ist etwas Grünes.«

Auf der Appellebene: »Sag mir, was das ist!« oder »Lass es beim nächsten Mal weg!« oder »Gib mehr davon rein!«

Auf der Beziehungsebene: »Du weißt solche Dinge.« oder »Du bist eine miese Köchin.« oder »Du bist eine raffinierte Köchin.«

Auf der Selbstoffenbarungsebene: »Ich weiß nicht, was es ist.« oder »Es schmeckt mir nicht.« oder »Es schmeckt super.«

Die Frau hört die Aussage des Mannes auf der Beziehungsebene und ärgert sich, dass sie – scheinbar – als schlechte Köchin bezeichnet wird. Diese Aussage könnte tatsächlich in der Kommunikation des Mannes enthalten sein, sie muss es aber nicht.

Was der Mann in den Ohren der Frau gesagt hat, ist deshalb entscheidend für das Gespräch, weil sie in ihrer Antwort darauf reagiert, was sie gehört hat, und nicht darauf, was der Mann eigentlich sagen wollte.

Entscheidend für den Dialog ist nicht das, was der Sender meint, sondern das, was beim Empfänger ankommt – und was von ihm daraus gemacht wird. Beim Hörenden entscheidet sich, was der Sprechende sagt. Und erst durch die Reaktion des Hörenden wird deutlich, was dieser gehört hat. Weil dieser Vorgang so komplex ist, kommt es oft vor, dass Paare über lange Zeiträume aneinander vorbeireden, weil sie auf unterschiedlichen Ebenen hören und sprechen.

Tatsächlich hat jeder Mensch bestimmte Hörgewohnheiten ausgebildet, das heißt, er hört mit einem bestimmten Ohr besonders laut, auf anderen fast gar nicht. Beliebt bei Frauen ist das Beziehungs-Ohr – und zwar mit negativem Vorzeichen. Nicht wenige Menschen hören beinahe jede Aussage auf der Beziehungsebene und wittern in jeder Nachricht eine negative Aussage über sich selbst.

Das Fatale dabei ist: Je überzeugter ich bin, dass ich im Grunde ein schlechter Mensch bin, desto stärker höre ich diese Botschaft in den Aussagen meiner Dialogpartner und Dialogpartnerinnen. Du kannst in tatsächlich *jeder* Aussage einen Angriff heraushören:

Sender: »Diese Methode gefällt mir nicht.«

Empfänger: »Wenn du meinst, ich sei ein schlechter Lehrer, frag halt jemand anderen.«

Sender: »Das Essen war lecker!«

Empfänger: »Ja, wenigstens kochen kann ich.«

Sender: »Du wirkst heute aber energetisch.«

Empfänger: »Tut mir leid, dass ich dich nerve.«

Sender: »Ich wünsche mir Verlässlichkeit in meiner Beziehung.«

Empfänger: »Ganz ehrlich. Du bist undankbar. Was habe ich nicht alles für dich getan?!«

Wer immer auf dem Beziehungs-Ohr hört, muss sich ständig gegen »So-bist-du-Aussagen« verteidigen, vor allem dann, wenn es eine Neigung zu negativem Vorzeichen gibt. Es gibt Menschen, die hören dagegen schwerpunktmäßig auf dem Sach-Ohr, Männer tendieren dazu:

Sender: »Liebst du mich?«

Empfänger: »Ja, weißt du, was heißt denn eigentlich lieben?«

Sender: »Ich meine, hast du Gefühle für mich?«

Empfänger: »Na ja, Gefühle sind ja abhängig von vielen Faktoren. Darüber kann ich keine allgemeinen Aussagen treffen.«

Bei so einem Dialog ist die Enttäuschung ebenfalls vorprogrammiert. Denn das Bedürfnis des Senders nach emotionaler Zuwendung wird vom Empfänger nicht wahrgenommen.

Je nachdem auf welcher Ebene du hörst und mit welchem Vorzeichen du die Aussage versiehst, kannst du aus einem Satz viele unterschiedliche Bedeutungen heraushören. Ich als Sender muss deshalb nicht nur nach passenden Worten für mein Innenleben suchen: Viel zentraler ist, dass ich unmittelbar nachfrage, wie der andere meine Aussage gehört und gedeutet hat. Wenn ich möchte, dass ich verstanden werde, dann sollte ich aufmerksam sein und mir eine grundsätzlich fragende Haltung angewöhnen. Wenn du dich beim nächsten Streit sagen hörst: »Aber du hast gesagt, dass …«, dann korrigiere dich umgehend und sage: »Also, ich habe gehört, dass du sagst …« Stelle danach die Anschlussfrage: »Hast du das so gemeint?«

Und jetzt geht es noch einen Schritt weiter: Je nachdem

auf welchem Ohr ich eine Aussage höre, werden in mir unterschiedliche emotionale Reaktionen hervorgerufen. Wenn ich im Alltag schnell gereizt reagiere oder häufig einen Impuls von Ärger spüre, dann ist dies ein Hinweis darauf, dass ich oft auf dem Beziehungs- oder Appell-Ohr höre. In diesem Fall würde ein Umsteuern auf die Sach- oder Selbstoffenbarungsebene vor zu schnellen emotionalen Reaktionen schützen.

Wenn du in einem Streit häufig emotional reagierst, dann wird dir die Stärkung deines Sach-Ohrs wahre Dienste leisten. Denn du schaffst damit eine wohltuende Distanzierung, die dir den inneren Raum gibt, um zu fragen: *Worum geht es gerade? Was ist hier eigentlich die Frage? Und wie will ich mich sachlich dazu positionieren?* Es nimmt emotionale Auslöser heraus und hilft dir, ebenfalls auf der Sachebene zu antworten.

Wenn du jedoch Botschaften tendenziell auf der Sachebene hörst, dann gehen dir emotionale Informationen verloren, mit denen du die Befindlichkeit deines Partners oder deiner Partnerin und auch den Zustand deiner Beziehung deuten kannst.

Frau: »Wenn du eine Million Euro hättest, was würdest du kaufen?«

Mann: »Einen Lamborghini.«

Frau: »Und noch was?«

Mann: »Nein.«

Frau: »Ich bin dir also gar nichts wert?«

Mann: »Was meinst du? Was soll das jetzt?«

Da der Mann nur auf dem Sach-Ohr gehört hat, hat er nicht mitbekommen, dass die Frau eigentlich fragen wollte, ob sie wertvoll für ihn sei. Insofern ist es nicht das Ziel, nur auf einer einzigen Ebene zu hören. Es geht darum, die Ebenen zuverlässig unterscheiden zu können und in den eigenen Reaktionen darauf Bezug nehmen zu können. Wenn du dir nicht sicher bist, welchen Gehalt eine Aussage hat, dann kannst du direkt nachfragen, bevor du selbst darauf reagierst: *Wie meinst du deine Aussage? Steckt darin ein Appell an mich? Wenn ja, was genau möchtest du von mir?*

In Paarkonflikten empfehle ich, vor allem das Selbstoffenbarungs-Ohr einzuschalten und sich regelmäßig zu fragen: *Was erzählst du mir gerade über dich?* Bestenfalls übt ihr, direkt auf das offenbarte Bedürfnis einzugehen. Es ist eine Wohltat, wenn du nicht mehr permanent auf dem Beziehungs-Ohr hören musst. Das schenkt Freiheit. Und es gibt Raum, einander wirklich zu verstehen.

Am besten ist es, wenn du auf allen vier Ebenen hören kannst. Je mehr du übst, auf jeder Ebene zu sprechen und zu hören, desto produktiver werden die Dialoge, desto näher bist du an den subjektiven Wahrheiten dran. Je flexibler du zwischen den Ebenen wechseln kannst, desto kreativer kann die Lösungsfindung im Konflikt verlaufen.

Wenn ihr das nächste Mal eine Aussage nicht richtig versteht, fragt euch, was sie auf allen vier Ebenen bedeuten könnte. Das öffnet im Dialog ungeahnte Wege der Verständigung. Unsere Hörgewohnheiten ändern sich jedoch nicht über Nacht, weshalb es dauern kann, bis du dich auf die vier Ebenen einlassen kannst. Der erste Schritt ist, dass du bemerkst, dass du Hörgewohnheiten hast.

Welche sind das bei dir?

Hast du oft das Gefühl, dass der andere dich bewertet, etwas über dich sagt? Dann hörst du auf dem Beziehungs-Ohr.

Hast du schnell das Gefühl, dass du sofort etwas tun musst? Suchst du immer gleich nach einer Lösung? Dann reagierst du auf dem Appell-Ohr.

Hast du häufig den Eindruck, dass dein Gesprächspartner oder deine -partnerin übertreibt oder nicht rational spricht? Dann ist dein Ohr vermutlich das Sach-Ohr.

Fragst du dich immerfort, welche Geschichte über den anderen hinter der Aussage deines Gegenübers steckt? Dann bist du vielleicht Coach oder Therapeutin oder Therapeut und hast dein Selbstoffenbarungs-Ohr lange trainiert. Das ist hilfreich für deine Klientinnen und Klienten. Aber denke daran, dass deine anderen Ohren auch wichtig sind.

Widersprüche akzeptieren, statt recht haben

Alle Menschen wollen recht haben. Immer und überall. Und dieses Rechthabenwollen beinhaltet meistens, dass wir entscheiden müssen, was wahr oder falsch ist. Raum für Widersprüchliches, für Ambiguität, für das gleichzeitige Anerkennen von nicht zueinander passenden Perspektiven bleibt häufig nicht bestehen.

Es kommt selten vor, dass in einem Dialog zwei einander widersprechende Perspektiven als wahr und schlüssig akzeptiert werden. Das ist wie ein Zwang: Wir müssen entscheiden, wer recht hat. In der Regel wird einer der beiden streitenden Parteien logisch argumentieren und an die Vernunft appellieren. Aber was rational plausibel erscheint, kann emotional ganz anders aussehen. Emotion und Vernunft passen nicht immer zusammen. Ihr schlittert in eine kommunikative Sackgasse, wenn einer der beiden Zugänge als einzig wahr anerkannt werden soll.

Erst wenn wir zu einem Sowohl-als-auch kommen und die darin enthaltenen Dissonanzen aushalten können, ohne dass eine der beiden Wahrheiten seinen Wahrheitsgehalt verliert, entsteht Raum für viele Gewinner. Das Bedürfnis nach Rechthaben und der klaren Einteilung in wahr und unwahr ist in unserer Gesellschaft stark ausgeprägt. Das Problem ist, dass wir uns mit dieser Einstellung den Weg zueinander versperren. Wir müssen dann streiten, wer recht hat, anstatt die eigentlichen Fragen zu stellen, die uns einander näherbringen würden: Was erlebst du? Was brauchst du? Was fehlt dir gerade?

Die Neigung zum Rechthaben ist tief in unserer Entwicklungsgeschichte verankert. Psychologisch betrachtet ist dieser Wunsch nachvollziehbar. Ich muss als Mensch meine innere Wahrnehmung mit der Außenwelt abgleichen. Ich bin darauf angewiesen, dass meine Konstruktion der Realität durch mein Gegenüber bestätigt wird. Ohne diesen Abgleich können wir uns nicht orientieren. Auch brauche ich das Rechthaben, um meinen Selbstwert zu stützen. Etwas vereinfacht könnte man sagen: Wenn ich Dinge richtig einschätze, also recht habe, dann bin ich gut und richtig. Und wer richtig ist, der bekommt Mamas und Papas Zuwendung und Anerkennung.

Insofern ist das Bedürfnis doch nicht so erstaunlich. Es hängt erneut mit unseren Erfahrungen zusammen, die wir als Kinder gemacht haben. Problematisch wird es dadurch, dass wir eine Siegerkultur entwickelt haben, bei der richtig über falsch entscheidet. Denn das bedeutet, dass im Streit immer nur *ein* Sieger hervorgehen kann. Der andere ist der Verlierer und muss sich falsch, unterlegen und minderwertig fühlen.

Der einzige Ausweg ist die Entwicklung einer starken *Ambiguitätstoleranz*. Das ist die Fähigkeit, Widersprüchliches auszuhalten. Was passiert, wenn wir uns einen Streit als zwei Geschichten vorstellen, bei der jede Partei im Prinzip recht hat? Beide Parteien haben im Konflikt etwas Irritierendes erlebt, haben ihre Gefühle dazu entwickelt, haben Gedanken, versuchen sich einen Sinn zu erschließen. Mit hoher Wahrscheinlichkeit haben beide Streitparteien etwas Unterschiedliches im gemeinsamen Streit erlebt. Sie haben sich missverstanden, sie haben aneinander vorbeigeredet, sie haben sich bemüht und haben auf ihre Weise doch alles versucht. Warum also sollten wir entscheiden, dass am Ende nur einer von beiden recht hat?

Wir sollten grundsätzlich annehmen, dass beide Parteien recht haben. Denn beide Perspektiven sind in sich vermutlich nachvollziehbar, sind in ihren jeweiligen Prozessen verstehbar, sind rekonstruierbar und verdienen es, als subjektiv wahr anerkannt zu werden.

Insofern beinhaltet der Verzicht auf das Rechthaben gleichzeitig die Anerkennung der eigenen inneren Wahrheit als grundlegende Quelle für Selbstvergewisserung und Selbstrespekt – unabhängig von der Perspektive des anderen. Folglich empfehle ich folgende innere Haltung:

Ich habe mein eigenes inneres Recht. Ich bin richtig. Dieses Richtigsein wird nicht dadurch aufgelöst, dass du etwas anderes mit mir erlebt hast. Und ich erkenne an, dass du dein eigenes inneres Recht hast. Auch dann, wenn ich es im Augenblick nicht verstehe und wenn es nicht zu meiner Wahrheit passt. Wir beide haben recht und es gilt nun, die jeweiligen Wahrnehmungen und Erlebnisse sichtbar zu machen und wechselseitig nachzuvollziehen. Außerdem ziehe ich in Betracht, dass ich mich irren kann. Immer.

Wenn du dich richtig fühlst, dann akzeptierst du deine eigenen inneren Widersprüche. Du akzeptierst die Tatsache, dass manchmal deine Vorstellung über dich selbst von der Art und Weise, wie du dich tatsächlich verhältst, abweicht. Das ist in Ordnung – wir sind widersprüchlich.

Wenn du dich richtig fühlst, dann können sich deine inneren Stimmen – Kritiker, Richter, Kleinmacher, Lächerlichmacher – entspannen. Die stellst du leiser und gibst ihnen weniger Macht über dich, indem du dich als grundsätzlich richtig akzeptiert. Und du drehst die anderen Stimmen lauter, die sagen: »So wie du bist, bist du in Ordnung. Du bist nicht perfekt. Gott sei Dank bist du nicht perfekt. Du bist einzigartig. Du hast Stärken und Schwächen und du kannst bestimmen, welche deiner Talente du fördern willst. Du bist richtig in dieser Welt.«

Du kennst das bestimmt: Gerade war es friedlich und im nächsten Moment kritisiert dich deine Partnerin oder dein Partner, weil sie oder er sich über irgendetwas ärgert. Du fühlst dich in die Ecke gedrängt und reagierst sofort angespannt. Du schaltest auf Angriff oder Verteidigung – ein Gespräch ist nicht mehr möglich. Entweder schreit ihr euch noch gegenseitig an, sagt am Ende noch gemeine Sachen, die ihr nachher bereut, oder ihr geht auseinander, um euch beleidigt anzuschweigen oder so zu tun, als hätte der Streit nicht stattgefunden.

Irgendwann redet ihr wieder miteinander, aber ihr beide habt gelernt, dass es da ein gefährliches Thema gibt. Eines, das in Nullkommanichts einen Streit ausbrechen lässt. Erneut darüber zu reden, birgt die Gefahr eines neuen Streits. Kein Wunder also, dass ihr das Thema vermeidet. So entstehen im Laufe der Zeit ungeklärte und unaufgelöste Konfliktkörper, die sich auf euer Leben als Paar auswirken.

Die Tatsache, dass ihr streitet, ist nicht das Problem. Streit an sich gehört dazu und ist in Ordnung. Ob ein Paar streitet oder nicht, sagt nichts darüber aus, wie glücklich dieses Paar ist oder wie lange die Beziehung halten wird. Viel entscheidender ist die Art und Weise, *wie* Paare miteinander streiten und wie sie anschließend wieder aufeinander zugehen. Häufig fühlen sich Streitsituationen so an, als hätte man die Kontrolle verloren. Ein Wort ergibt das andere. Eine Emotion jagt die nächste. Die Gemüter erhitzen sich. Und am Ende wissen wir nicht mehr, wie der Streit eigentlich angefangen hat oder worum es eigentlich dabei geht. Wenn ein Paar zu viel und zu unproduktiv streitet, dann ist das keine gute dauerhafte Situation. Der Streit zeigt, dass es Themen gibt, die aufgeräumt werden wollen.

Der erste Schritt hin zu diesem Klärungsprozess beginnt mit einer Entscheidung: Da ich mit all meinen Worten und

Handlungen zum Streitgeschehen beitrage, kann ich durch mein eigenes Handeln darauf Einfluss nehmen. Ich kann den Streit stoppen, wenn er beginnt. Ich kann andere Worte wählen. Wenn ich nicht deeskalieren kann, dann beende ich die Situation. Ich lasse mich nicht darauf ein, weil ich verstehe, dass der unproduktive Streit keine Lösung bringen wird.

Wenn du merkst, dass ein Streit beginnt, dann steige bewusst und aktiv aus, indem du sagst: »Hier ist ein Konflikt, lass uns dafür zusammen eine Lösung suchen, ohne unsere Wut oder unseren Frust gegeneinander zur richten.« Der Streit endet, wenn du nicht mehr streitest. Erkenne und nutze deine Macht – deine Handlungsmacht. Deinen Einfluss auf deine Worte und deine Gefühle.

Streitsituationen vermeiden bedeutet nicht, den Themen aus dem Weg zu gehen. Es bedeutet vielmehr, nach einem Zugang zu suchen, der nicht im Streit mündet, sondern das gegenseitige Verstehen, Sehen und Anteilnehmen zum Ziel hat. Gerade dann, wenn du dich ärgerst, wenn du dich nicht gesehen und verstanden fühlst, wenn du dich sogar gemein behandelt fühlst, wenn du es gewohnt bist, dich gegen andere zu verschließen und dich – beleidigt – zurückzuziehen, gerade dann liegt die Lösung in der Hinwendung: Wie geht es dir eigentlich? Was erlebst du gerade? Was brauchst du, um dich wieder in Balance zu fühlen?

Streit zeigt uns, dass etwas nicht in Balance ist. Der Streit kann enden, wenn wir verstehen, dass nur eine gemeinsame Suche eine neue Balance herstellen kann. Das ist der Ausgangspunkt für Begegnung und Dialog und damit für persönliche Entwicklung und Reifung der Beziehung.

Um einen Konflikt tatsächlich zu lösen, eignet sich ein Gesprächsmodell, das auf den wissenschaftlichen Arbeiten von Marshall Rosenberg – der die gewaltfreie Kommunikation entworfen hat – sowie auf den Arbeiten des Forscher-Ehepaars Gottman und Anatol Rapoport, ehem. Professor für Psychologie und Mathematik, basiert: Verabredet euch für ein Abstimmungsgespräch. Bitte wählt einen konkreten Konflikt aus, den ihr bearbeiten wollt.

Der erste Schritt für dich: Überlege dir dein Anliegen und mache es konkret. Mache dir im Vorfeld Gedanken zu deiner Wortwahl. Wie kannst du dein Anliegen so ausdrücken, dass dein Gegenüber sich in dich einfühlen kann? Formuliere dein Problem in einer Weise, die nicht dein Gegenüber als ganze Person kritisiert. Benenne das konkrete Problem und wie es dich berührt. Berichte, wie du dich damit fühlst und was du dir wünschst. Je mehr sich dein Gegenüber kritisiert und abgelehnt fühlt, desto weniger Chance hast du auf einen produktiven Kompromiss. Es ist sinnvoll, wenn du dir deine Formulierungen im Vorfeld aufschreibst.

Achte darauf, dass du dir und deinem Gegenüber respektvoll begegnest. Egal wie unterschiedlich eure Positionen sind, die Kritik sollte sich niemals auf den Charakter der anderen Person beziehen. Hüte dich insgesamt vor Bewertungen und Verurteilungen. Sätze wie »Immer bist du …« und »Nie machst du …« sollten ab sofort keinen Platz mehr in deiner Kommunikation haben.

Wenn du Kritik am anderen hast, dann *formuliere deine Kritik als einen Wunsch*. Statt zu sagen: »Immer kommst du zu spät!«, sagst du: »Es ist mir wichtig, dass wir am Samstag beim Geburtstag von Tina pünktlich sind. Ich weiß, dass ihr das viel bedeutet, und ich möchte das gerne ernst nehmen. Dazu brauche ich, dass du das auch ernst nimmst und bitte pünktlich fertig bist.«

Nach der Formulierung eines *sanften Einstiegs* beginnt euer Dialog über das Problem. Stellt dabei immer wieder sicher, dass ihr euch richtig verstanden habt. Das tut ihr, indem ihr euch gegenseitig spiegelt (»Ich höre, du sagst …«). Während des Dialogs werdet ihr von Gefühlen begleitet, ihr werdet beispielsweise aufgeregt oder eure Stimme wird lauter, ihr beginnt euch zu verteidigen oder den anderen zu beschuldigen. Um dies zu verhindern oder schnell wieder zu beenden, solltet ihr euch gegenseitig kleine Hilfen anbieten.

Diese Hilfen werden von John und Julie Gottman »Rettungsversuche« genannt. Das sind freundliche und beruhigende Signale für den anderen. Diese sollen vermeiden, dass euch negative Gefühle überschwemmen und ihr in einen Strudel von Kritik und Ablehnung geratet. Ihr müsst euch selbst und miteinander immer wieder in eine positive Gemütsverfassung holen, damit der Streit produktiv weiterlaufen kann. Rettungsversuche sind tatsächlich die geheime Wunderwaffe glücklicher Paare. Übt euch darin, diese anzubieten und sie beim anderen wahr- und anzunehmen. Das kann ein Geräusch sein, ein Blick, eine Berührung oder ein Satz. Das sind wichtige Gesten im Streit, die ihr üben solltet.

Eine spezielle Form der Rettungsangebote sind Beruhigungen. Weil wir im Konflikt schnell in starke Gefühle geraten, solltest du sowohl im Vorfeld des Gesprächs für dich selbst beruhigende Gedanken und Worte finden als auch für dein Gegenüber. Beruhigung verhindert, dass wir mit zu viel Negativität überschwemmt werden. Bitte suche bei der Vorbereitung deines Gesprächs gezielt nach beruhigenden Gedanken und Worten, auf die du leicht zurückgreifen kannst.

Wenn die Argumente ausgetauscht sind und sich beide mit ihren Bedürfnissen verstanden fühlen, beginnt die Suche nach einem Kompromiss. Beide Seiten müssen überlegen, wie sie ihre Kompromissbereitschaft authentisch ausdrücken können und was ein akzeptables Kompromissangebot sein kann. Ein fauler Kompromiss, zu dem du nicht wirklich Ja sagen kannst, ist nicht hilfreich. Er führt zu innerem Groll und nicht zu einer Lösung. Biete also nur das an, was sich wirklich stimmig anfühlt.

Abschließend solltest du deine Fähigkeit zur Toleranz trainieren, indem du für eine deiner Schwächen und für eine deines Gegenübers eine akzeptierende Sichtweise einnimmst, gerne mit Humor: »Deine ungestüme Art macht dich auch einfach lebendig und mir wird mit dir nie langweilig.« Oder: »Du kannst einfach nicht anders. Du bist nun mal ein echtes Muttertier.« Oder: »Dass du manchmal deine Wünsche nicht so klar ausdrücken kannst, zeigt eigentlich nur, dass du mehr Ermutigung brauchst.«

Mach dir klar: Ihr habt Erwartungen, die augenblicklich nicht zusammenpassen. Dafür kann niemand etwas. Jetzt geht es darum, dass ihr versteht, welche Bedürfnisse hinter den Erwartungen liegen und ob ihr gemeinsame Lösungen für die Befriedigung findet. Ihr seid beide nicht dazu da, um die Wünsche des anderen zu befriedigen. Mach dir selbst bewusst: *Ich bin ich und du bist du. Ich bin nicht auf der Welt, um nach deinen Vorstellungen zu leben, und du bist nicht auf der Welt, um nach meinen Vorstellungen zu leben. Wenn wir uns treffen, ist das wunderbar. Und wenn nicht, dann ist das auch in Ordnung.*

Diese Haltung dürft ihr euch gerne aneignen und dann beobachtet, wie sich eure Konfliktfähigkeit verbessert. Beide Seiten können sich entspannen, wenn gegenseitiges Verständnis hergestellt wird.

Schreiten wir jetzt zur Tat und bereiten ein *Abtimmungsgespräch* vor. Erinnere dich: Es geht darum, dass du die Welt durch die Augen des anderen sehen und durch das Herz des anderen fühlen möchtest. Du möchtest verstehen, was bei dir selbst und beim anderen los ist und welche Strategien ihr für die Befriedigung eurer jeweiligen Bedürfnisse finden könnt.

Nehmt euch zur Vorbereitung des Abstimmungsgesprächs ein wenig Zeit und beantwortet folgende Fragen:

Was war eigentlich genau los? Was hast du wahrgenommen, gesehen, gehört, gedacht?

Wie hast du dich dabei gefühlt?

Was ist dein Bedürfnis? Und worum ging es dir eigentlich?

Was ist dein konkreter Wunsch?

Formuliere nun einen »sanften Einstieg« in das Gespräch.

Was kann dir selbst und deinem Gegenüber zur Beruhigung dienen?

Was ist dein Anteil daran, dass dieser Konflikt entsteht?

Wie könnte dein Kompromissangebot aussehen?

Was könntest du beitragen, um den Konflikt zu lösen?

Jeder legt sich Papier und Stifte bereit. Es kann hilfreich sein, wenn der Zuhörende während des Zuhörens Notizen macht und aufschreibt, was er hört und dazu denkt. Beginnt euer Gespräch immer mit einer Bestandsaufnahme dessen, was in letzter Zeit gut gelaufen ist. Jede Seite sollte drei positive Dinge aufzählen.

Vereinbart für euer Gespräch Folgendes: Es wird nicht über »Tatsachen« gestritten. Beide Seiten akzeptieren, dass jeder seine eigene Wahrheit erlebt hat und dass diese widersprüchlich sein könnte. Es wird nicht versucht, darüber zu diskutieren, wessen Wahrheit »wahrer« ist. Beide Sichtweisen sind gleichermaßen gültig.

Weiters wird vereinbart, dass jeder seine eigenen Gefühle haben darf und die Schuld nicht beim anderen gesucht wird. Die Verantwortung für die eigenen Gefühle trägt jeder für sich. Sollten dich zwischendurch die Gefühle überschwemmen, dann ist es jederzeit möglich, kurz zu unterbrechen und zu atmen. Wenn du dich beruhigt hast, steigst du wieder ein.

Es gibt während der Aussprache zwei Rollen: die des Sprechers und die des Zuhörers. Macht euch bewusst, in welcher Rolle ihr jeweils seid. Ihr könnt während des Gesprächs die Rollen mehrfach wechseln, aber erst, wenn ihr fest verankert habt, was die Rollen bedeuten. Am Anfang bleibt ihr am besten 15 Minuten in der einen und 15 Minuten in der anderen Rolle. Solange du der Sprecher bist, hast du allein das Wort. Nimm dir Zeit, um deine Gefühle und Sichtweisen zum Ausdruck zu bringen. Es geht nicht darum, den anderen zu überzeugen, dass du recht hast, oder darum, einen Kompromiss vorzuschlagen. Es geht ausschließlich darum, zu erzählen, wie es dir in bestimmten Momenten gegangen ist, weshalb dir etwas wehgetan oder du dich aufgeregt hast, was du dir gewünscht hättest, woran dich das Ganze erinnert hat.

Als Sprecher musst du besonders achtsam sein. Denn du kannst mit deinen Worten den Verlauf des Gespräches beeinflussen. Am besten du verwendest Ich-Botschaften, die von deinen Gefühlen erzählen. Dabei verzichtest du darauf, den Grund für deine Gefühle in deinem Partner oder deiner Partnerin zu suchen.

Ich-Botschaften sind nicht so einfach. Wir verstecken Du-Botschaften gerne in Ich-Botschaften. »Ich wünsche mir wirklich sehr, du würdest endlich dein Verhalten ändern« ist eine Du-Botschaft, denn ich sage eigentlich: *Dein* Verhalten ist falsch und soll sich ändern. Eine Ich-Botschaft entsteht, wenn du sagst: »Dein Verhalten vom Wochenende löst in mir das Gefühl von Ärger aus, weil ich denke, dass du mich nicht ernst nimmst.« *Eine Ich-Botschaft ist alles, was deine Gefühle und Wünsche beschreibt, ohne dabei den anderen zu kritisieren.*

Als Sprecher bleibst du bei *einem* Thema. Spring nicht von einem Ärgernis zum nächsten. Beschreibe genau den Anlass, der für dich schwierig war, und fang nicht an, mehrere Situationen und Themen zu vermischen. Du solltest außerdem die Triggerpunkte deiner Partnerin kennen und berücksichtigen. Wir alle haben aus unserer Geschichte »dauerhafte Verletzlichkeiten« oder »wunde Punkte«, bei denen wir besonders empfindlich reagieren. Wenn du diese Punkte kennst, geh besonders achtsam damit um.

Während du zuhörst, hast du lediglich eine Aufgabe: Dein Ziel ist es, die Emotionen des anderen wahrzunehmen und anzuerkennen. Du musst nicht verstehen oder erklären, warum ein Gefühl da ist. Du möchtest herausfinden, wie dein Gegenüber fühlt und was die Auslöser dafür sind. Du selbst brauchst nicht auf dieselbe Weise zu fühlen. Es geht nur darum wahrzunehmen, wie der andere fühlt. Bewerte diese Gefühle nicht. Wenn du etwas nicht nachvollziehen kannst, dann stelle Fragen: »Was bedeuten deine Tränen?« oder »Bitte hilf mir zu verstehen, wie sich das für dich anfühlt.«

Wenn du den Impuls hast, den Sprecher zu unterbrechen, dann halte inne. Mach dir klar, dass du in der Rolle des Sprechers denselben Raum und Respekt bekommst und ebenfalls so lange sprechen darfst, bis du die richtigen Worte für dich gefunden hast.

Wenn du dich beschuldigt oder angegriffen fühlst, könntest du sagen: »Kannst du mir bitte von deinem Bedürfnis erzählen, das hinter deinem Ärger steckt?« Oder du sagst: »Ich finde es schade, dass ich gerade anfange, mich innerlich zu verteidigen und dann gar nicht mehr hinschauen kann, was du eigentlich sagen willst. Vielleicht formulierst du deine Kritik noch mal als konkreten Wunsch?«

Es kann hilfreich sein, dir beim Zuhören Notizen zu machen. Du kannst sowohl das Gehörte als auch deine Reaktionen und Gedanken dazu aufschreiben. Versuche nicht, dich zu verteidigen. Mach dir bewusst, dass du gerade dabei bist, etwas über den anderen zu lernen.

Du liebst deinen Partner oder deine Partnerin. Du möchtest ihn oder sie beschützen und das bedeutet auch, dass du seine oder ihre Gefühle und Schmerzen nicht ignorieren wirst. Du möchtest verstehen, auch wenn das für dich mühsam ist. Abstimmung bedeutet, dass du empathisch wirst. Du »schlüpfst« in deinen Partner oder deine Partnerin hinein und versuchst seine oder ihre körperlichen Empfindungen wahrzunehmen. Erst wenn es gelingt, den Standpunkt des anderen zu verstehen, stellt ihr Abstimmung her. So erging es auch Katja und Martin.

»Bei uns verlief Streit immer auf die gleiche Weise«, erzählt Katja. »Ich wollte doch nur, dass Martin mich versteht. Ich habe nicht kapiert, was daran so schwer sein soll. Ich finde es halt wichtig, dass man sich an Verabredungen hält.« Martin lächelt etwas steif und verschränkt die Arme vor seinem Bauch. »Ich habe mich schnell bedrängt gefühlt von Katja. Immer war irgendetwas an mir falsch. Es waren oft Kleinigkeiten. Aber das hat mich so wütend gemacht.«

Über die eigentliche Botschaft hinter dem Streit konnten beide nicht sprechen, weil sie nicht wussten, dass es eine Botschaft dahinter gab. Erst als wir in der Paartherapie anfingen, systematisch nach den verdrängten Bedürfnissen zu fragen, wurde deutlich, was hinter den vielen Streitereien stand: Martin hatte ein Bedürfnis nach einem eigenen Raum, der frei ist von Katjas Blick, von ihren Bewertungen, ihren Urteilen. Auch frei von ihren emotionalen Reaktionen. Er sehnte sich nach Leichtigkeit und Unbekümmertheit. Mit zunehmendem Alter kam die Traurigkeit dazu, die das nicht gelebte Leben manchmal hinterlassen kann. Traurigkeit über die Dinge, die du nicht getan hast und für die es jetzt zu spät scheint. Die Routine und der immer gleiche Alltag wurden zum Sinnbild für Stagnation. Katjas Nörgeln konnte Martin nicht als Bedürfnisäußerung erkennen. Er fand, sie müsse ihr Verhalten ändern. Ihre manchmal pedantische Art stand für das goldene Hamsterrad, das er eisern am Laufen hielt, obwohl es ihn so ermüdete. Katja hingegen hatte ein großes Bedürfnis nach Sicherheit. Ihr ist Freiheit weniger wichtig. Sie fühlt sich wohl, wenn alles so ist wie immer. Dass Katja ihren Selbstwert und ihr Sicherheitsgefühl stark an Martin knüpfte, verschlimmerte die Streitigkeiten. Wenn er sich an Kleinigkeiten nicht hielt, dann fühlte sie sich nicht ernst genommen und verzweifelte immer mehr.

»Ich kann das heute nachvollziehen, dass mein Rückzug für Katja schwierig war. Ich stelle mir manchmal vor, wie verunsichert sie sein musste.« »Wie hast du das für dich erkannt?«, frage ich Martin in einer Sitzung. Er lacht auf.

»Gute Frage! Ich weiß nicht, es waren viele kleine Schritte. Aber es wurde besser, als ich verstanden habe, dass ich Konflikten immer aus dem Weg gegangen bin.« »Was hat dir Mut gemacht, den Konflikten nicht mehr auszuweichen?«, hake ich nach. »Ich war ja wirklich in einer Sackgasse gelandet mit Tanja und Katja. Irgendwann dachte ich dann, dass ich etwas besser machen muss, und habe versucht zu sagen, was ich eigentlich brauche. Und es hat geholfen, dass Katja mir wirklich zugehört hat. Sie ist großzügig mir gegenüber. Das hätte nicht jede Frau gekonnt.«

»Mir hat geholfen, dass ich Martin vom Thron geholt habe«, sagt Katja. »Er ist eben nur ein Mensch. Er ist kein Gott. Und deshalb macht er auch Fehler. Ich mache auch welche. Wer viele Fehler macht, lernt viel, oder?« Martin lacht wieder. »Oh, da müssen wir jetzt schon sehr klug sein bei so vielen Fehlern, die wir gemacht haben!«

»Was war der wichtigste Fehler?«, frage ich. »Es war falsch, dass ich nicht viel früher gesprochen habe. Man denkt immer, man kann sowas nicht sagen. Aber ich hätte es doch sagen können«, meint Martin.

»Na ja, aber manche Sachen wollte ich auch nicht hören«, räumt Katja ein. »Das hat mir Angst gemacht. Mein Motto: Was ich nicht sehe, ist auch nicht da. Das war falsch. Eine Bedrohung ist da. Egal, ob ich sie ignoriere oder nicht.«

»Und wie geht ihr heute mit den Bedrohungen um?« »Wir reden«, sagt Martin. »Und wir versuchen Dinge anders zu machen, dass jeder seine Räume hat«, ergänzt Katja. »Martin geht immer noch gerne in Rückzug und Distanz.« »Aber es ist viel besser geworden«, wirft Martin ein. »Ja, viel besser. Ich fühle mich schon manchmal emotional abhängig, aber auch viel weniger als früher. Ich weiß, dass ich mir meine Sicherheit selbst geben muss«, sagt Katja. »Und wie machst du das?« »Ich denke oft, dass es keine Sicherheit gibt und dass man immer nur dafür sorgen kann, dass es einem an diesem Tag gut geht und man das Beste draus gemacht hat. Ich glaube inzwischen fest, dass dich niemand retten kann, nur du selbst. Wenn wir heute manchmal anfangen zu streiten, dann schauen wir uns an und dann sagt einer: ›Merkst du das? Wir machen es schon wieder!‹ Daraufhin kann der andere sagen, dass wir das doch lassen wollten. Das ist ein Anker.«

Schnelle Anleitung zu mehr Liebeskompetenz

Liebeskompetenz ist eine Frage der inneren Haltung, der konkreten Handlung und der fortwährenden Übung. Ich habe jetzt für dich noch einmal die wichtigsten Punkte zusammengefasst, auf die du ab sofort in der Beziehung achten kannst. Viele Aspekte hast du bestimmt schon verinnerlicht. Ich hoffe aber, dir durch eine komprimierte Darstellung das Wichtigste zum Erinnern für die Praxis mitzugeben. Im Folgenden findest du zehn Schritte zu einer besseren Liebesfähigkeit.

Schritt 1: Steige aus dem Streit aus

Es ist immer deine eigene Entscheidung, ob und wie du dich auf einen Streit einlässt. Wenn du Konflikte wirklich lösen willst, dann mach dir deine Macht bewusst, die du einsetzen kannst, um aus dem Streit aktiv auszusteigen. Der Streit endet, wenn du nicht streitest. Du kannst jederzeit die Ebene wechseln und lösungsorientiert und respektvoll mit dem Konflikt umgehen.

Sag einfach: »Du, die Stimmung kippt gerade. Ich will in dieser Atmosphäre nicht sprechen. Beseitigen wir den Konflikt später in Ruhe und setzen uns dazu gemeinsam hin.«

Schritt 2: Gefühle wahrnehmen, aushalten, richtig deuten und beeinflussen

Gefühlskompetenz ist wahrscheinlich die Königsdisziplin in der Liebe. Denn nur wer die eigenen Gefühle richtig lesen kann, der versteht die Signale aus dem eigenen Unbewussten, kann entsprechend handeln und sich selbst gerecht werden. Wer Gefühlskompetenz hat, der muss sich nicht durch die Gefühle der anderen anstecken lassen. Du kannst deiner Partnerin oder deinem Partner ihre oder seine eigenen Gefühle zugestehen, ohne selbst sofort in eigene Gefühle und Gedankenschleifen zu rutschen.

Gefühle sind wichtig, um die eigenen Bedürfnisse besser zu verstehen, aber Gefühle sind auch immer nur eine Momentaufnahme. Du bist nicht dein Gefühl. Du bist immer mehr als das.

Schritt 3: Verzichte auf das Rechthaben

Recht haben ist immer relativ und versperrt dir den Blick auf den anderen. Du hast recht und du hast unrecht. Je nachdem, welche Perspektive du einnimmst.

Es ist erleichternd und hilfreich, wenn du auf das Rechthaben verzichten kannst. Wenn du gelernt hast, dass Schwarz oder Weiß nicht hilft, sondern immer sowohl als auch, dann bringst du damit Entspannung in deine Beziehung. Fang an, dich selbst richtig zu fühlen. Dann hast du es nicht mehr nötig, recht zu haben.

Schritt 4: Entdecke Bedürfnisse und formuliere konkrete Wünsche

Du kannst dich in jedem Moment eines Konflikts fragen: Welche Bedürfnisse liegen eigentlich dahinter? Und wenn du deinen Fokus darauf richtest, dann findest du geeignete Lösungen für den Konflikt.

Statt den anderen pauschal zu kritisieren, kannst du einen konkreten Wunsch formulieren, der dir zur Befriedigung deines Bedürfnisses richtig erscheint. Zum Beispiel: »Bitte nimm mich fest in den Arm, damit ich mich geborgen und sicher fühlen kann.« Je besser du deine Bedürfnisse wahrnimmst und ernst nimmst, desto weniger musst du streiten. Du kannst deine Aufmerksamkeit lieber in deine konkreten Taten und Handlungen fließen lassen.

Schritt 5: Überprüfe und korrigiere Erwartungen

Du bist selbst verantwortlich für deine Gefühle, Entscheidungen, Einstellungen, für deine Kommunikation und deine Bedürfnisbefriedigung. Wenn du erwartest, dass der andere dich emotional versorgt und nach deinen Vorstellungen lebt und handelt, dann machst du dich abhängig.

Als Kind war es normal, dass ein anderer sich um dich gekümmert hat, doch als Erwachsener musst du selbst Verantwortung für dich übernehmen. Wenn dir das bewusst wird, hast du einen großen Einfluss auf die Art, wie du Dinge bewertest. So kannst du selbst und besser für dich sorgen. Du kannst selbstverständlich andere Menschen bitten, dir bei der Erfüllung deiner Bedürfnisse zu helfen. Aber genau dies zu tun, ist allein deine Verantwortung.

Schritt 6: Übernimm Verantwortung für dich und deine Mitmenschen

Du übernimmst Verantwortung für dich, indem du deine eigenen inneren Haltungen überprüfst. Die Haltungen, mit denen du dich selbst und den anderen betrachtest. Bist du jemand, der sich leicht und gerne dem anderen zuwendet? Oder verurteilst du andere Menschen schnell? Oder bist du jemand, der sich oft zurückzieht und einsam fühlt?

Egal, wie das bei dir ist: Lass deine inneren Haltungen reifen, finde und überprüfe deine Glaubenssätze. Und dann finde einen Weg, wie du dich den anderen zeigst und wie du dich in andere einfühlst.

Verantwortung übernehmen bedeutet nicht, dass du nur noch tust, was dir in den Sinn kommt, sondern dass du Verantwortung für die Qualität der Verbindung übernimmst und auch die Grenzen und Wünsche des anderen einfühlsam beachtest. So entsteht vertrauensvolle Verbindung.

Schritt 7: Befriedige deine Bedürfnisse selbst und setze deine Grenzen

Bitte nimm deine eigenen Bedürfnisse ernst und lerne deine Methoden kennen, mit denen du dich von Bedürfnisbefriedigung abhältst. Du findest Befriedigung, wenn du offen für deine Wünsche eintrittst. Zu diesem klaren »Ja, ich will« gehört unmittelbar auch das »Nein, ich will nicht«. Deine Grenzen deutlicher wahrzunehmen und freundlich zu kommunizieren, zählt ebenfalls zu deinen Aufgaben.

Schritt 8: Überprüfe, wie und was du hörst

Wenn du wissen willst, was du gesagt hast, dann lass dir erzählen, was der andere gehört hat. Beim Hörenden entscheidet sich, was gesagt wurde. Denn darauf wird er im Gespräch reagieren.

Häufig stimmt die eigene Intention nicht mit dem überein, was der andere verstanden hat. Wir glauben zwar, dass wir klar gesprochen haben. Wenn wir aber verstehen, dass jede Aussage immer mit mindestens vier Ohren gehört werden kann, wird klar, wie aufmerksam wir auf unsere Dialoge achten müssen, um einander wirklich zu verstehen.

Schritt 9: Hole Positivität in dein Herz

Zufriedene und glückliche Menschen fühlen *Dankbarkeit* auch für Kleinigkeiten. und sie richten ihren Blick automatisch auf das Positive. Wenn dir das noch nicht oft genug gelingt, dann kannst du üben, deinen Fokus zu schärfen. Mach dich selbst täglich auf das Gute im Leben aufmerksam, sag dir, was du an dir und deinem Leben schätzt. Schreib ein Dankbarkeits-Tagebuch oder verabrede dich am Abend mit deinem Partner oder deiner Partnerin und erzählt euch drei Dinge, für die ihr an diesem Tag dankbar seid. Du wirst sehen, dass die Liebe dadurch schöner wird.

Schritt 10: Liebe entsteht durch liebevolle Handlung

Unsere Energie fließt dahin, wo unsere *Aufmerksamkeit* ist. Daher ist neben der Dankbarkeit deine Aufmerksamkeit gefragt. Werde aufmerksam für die kleinen Dinge, und dann rede nicht nur oder träume, sondern handle. Benenne deine Gefühle und Bedürfnisse und sprich aus, was du dir wünschst. Hör deinem Gegenüber zu, fühle dich ein, denke mit und unterstützt einander. Liebe entsteht, wenn du dich liebevoll zuwendest. Das ist manchmal mühsam und erfordert Überwindung, wie beim Sport. Auch in Sachen Liebe gibt es den inneren Schweinehund. Tu trotzdem Dinge, mit denen du das Gefühl der Verbundenheit zu dir selbst, zu anderen Menschen und zur Welt stärkst.

Die selbstbestimmte Liebe Was passiert, wenn du frei entscheiden darfst

Selbstbestimmung ist die Erfahrung, dein eigenes Selbst frei zu bestimmen. Dazu brauchst du präzises Wissen über dich, sonst hast du keine Orientierung. Selbstbestimmt ist eine Liebe dann, wenn beide Beteiligten ein Gefühl für ihre eigene Gestaltungskraft besitzen. Wenn beide sich in gewisser Weise »mächtig« fühlen und frei entscheiden und wählen können. Wie das in einer Liebe gelingt, soll im Folgenden Thema sein.

Sorge für dein Wohlergehen

Die radikalste Veränderung, die du in dir vornehmen kannst, ist die Übernahme der Verantwortung für dein Wohlbefinden. Du beendest deine Opferhaltung, wenn du deine Anspruchshaltung an die Welt überprüfst und beginnst, dich um die Erfüllung deiner Wünsche selbst zu kümmern. Wenn du aufhörst, alle anderen in deinem Leben – die Ereignisse, die Umstände, die Eltern, die blöden Zufälle – dafür verantwortlich zu machen, dass es dir schlecht geht oder dass du nicht an dein Ziel kommst. Wenn du verstehst, dass du immer einen Einfluss darauf hast, ob du das Positive einer Situation höher bewertest als das Negative.

Mit dem Ende der Opferhaltung beendest du auch deine Abhängigkeit von der Zustimmung des anderen. Denn es ist egal, was dein Partner oder deine Partnerin, deine Mutter oder dein Nachbar sagt: Es zählt das, was du für dich möchtest, und das, was du für dein Wohlergehen als wertvoll erachtest. Und genau in diese Richtung darfst du deine Entscheidungen treffen. Das größte Hindernis für Glück ist die Stagnation, das Stehenbleiben und Aushalten.

Solange du von anderen die Befriedigung deiner Bedürfnisse und die Zustimmung zu deinen Wünschen erwartest, entmachtest du dich selbst und akzeptierst womöglich zu lange, dass deine Grenzen verletzt werden.

Es ist schön, wenn die Partnerin oder der Partner deinen Wünschen nachkommen möchte. Wenn sie oder er es jedoch nicht oder nur manchmal möchte oder kann, dann frage dich, wie du dein Bedürfnis auf anderen Wegen, also mit anderen Strategien befriedigen kannst. Beispielsweise hast du das Bedürfnis nach Sex und Körperwahrnehmung, was dein Partner oder deine Partnerin aktuell nicht erfüllen kann. Alternativ könntest du dich selbst befriedigen, ein erotisches Hörspiel anhören, erotische Geschichten lesen, eine Massage buchen, ein Bad nehmen, Sport machen oder mit Freunden kuscheln. Solange du die Verantwortung für dein Wohlergehen an andere abgibst, musst du wütend und enttäuscht reagieren, wenn die Bestätigung durch andere ausbleibt. Erst wenn du weißt, wie du dir selbst helfen kannst, wirst du innerlich frei.

Es ist aus vielen Gründen sinnvoll, diese Form der Freiheit zu suchen. Erstens überlastest du einen Menschen, wenn du dir von ihm wünschst, dass er alle deine Bedürfnisse befriedigt, zweitens begibst du dich in eine Abhängigkeit zu einer Person, wenn nur diese *eine* in der Lage ist, dich zu verstehen und zu begleiten. Und drittens kultivierst du eine kindliche und unreife Haltung.

Wenn du spürst, dass dein Gegenüber dein Bedürfnis

nach Bestätigung nicht ausreichend erfüllen will oder kann, dann hast du zwei Möglichkeiten. Du kannst überlegen, welche andere Person dich in deiner Befriedigung unterstützen kann. Du kannst dich auch fragen, welche innerliche Grundhaltung hinter deinem Wunsch nach Bestätigung steckt: Spürst du eine tiefsitzende Verunsicherung in dir, die dich vom Urteil anderer abhängig macht? Glaubst du anderen mehr als dir selbst? Denkst du selbst schlecht von dir?

Je häufiger du an deinen Gedanken und Gefühlen zweifelst, desto schwächer ist dein Selbstwertgefühl ausgebildet und desto stärker bist du auf die Bestätigung von außen angewiesen. Diese Bestätigung von außen kann dann kurzzeitig deine eigenen Zweifel übertönen, aber du brauchst sie immer wieder.

Natürlich wird die Liebe dadurch lebendig, dass wir uns zueinander positiv bekennen. Dass wir uns sagen, was wir aneinander schätzen und bewundern. Das darf und sollte unbedingt Teil deiner Liebeserfahrung sein. Es geht jedoch um die Frage, wie du Verantwortung für dein eigenes Wohlbefinden übernimmst. Ich habe vielfach die Erfahrung gemacht, dass eine Überprüfung von Haltungen bereits ein Akt der Bedürfniserfüllung und Reifung sein kann. Wenn du zum Beispiel erkannt hast, dass du häufig an dir selbst zweifelst, dann kannst du die Entscheidung treffen, deine Zweifel, deren Entstehungsgeschichte und Bedeutung zu untersuchen und mit den Persönlichkeitsanteilen in dir, die für diese Zweifel stehen, in einen Dialog zu treten. Das bedeutet, dass du mit dir selbst sprichst, als wären deine Gedanken und Wünsche jeweils eigene Personen, die miteinander oft streiten. Diese Technik des inneren Dialogs wurde von Fritz und Lore Perls, den Begründern der »Gestalttherapie« zur Entfaltung der Persönlichkeit, entwickelt und hat seitdem weltweit Verbreitung gefunden.

Stell dir deine inneren Zweifel und Stimmen vor wie einzelne Personen. Wenn diese Personen miteinander ins Gespräch kommen und ihre widerstreitenden Meinungen und Wünsche benennen dürfen, dann werden deine inneren Konflikte und Blockaden transparent und nachvollziehbar. Im Dialog mit dir selbst kannst du überraschende und vielleicht ungewöhnliche Lösungen entdecken, die speziell für dich funktionieren, weil sie verschiedene Aspekte deiner inneren Anteile berücksichtigen. Wenn du diese Anteile anerkennst, ihnen Bedeutung zusprichst und dann in deinen Handlungen berücksichtigst, geschieht etwas, das ich Integration nenne: Vormals unbewusste Anteile erwachen zum Leben, indem sie ein erlaubter und akzeptierter Anteil in dir werden.

Je besser du deine inneren Anteile verstehst und akzeptierst, desto weniger bist du angewiesen auf die Bestätigung durch Dritte. Das wiederum erhöht dein persönliches Wohlbefinden und deine Glücksfähigkeit. Es entlastet außerdem den Partner oder die Partnerin von deinem Bestätigungs-Bedürfnis und es gibt Raum frei, der vorher von Zweifeln in Beschlag genommen war.

Auch die Auseinandersetzung mit deinen Erwartungen ist produktiv. Wenn Erwartungen klar ausgesprochen sind, können beide Beteiligten überlegen, welche Erwartungen sie an den anderen stellen wollen und welche sie bereit sind zu erfüllen. Das sollte aber niemals als selbstverständlich angenommen werden. Je stärker es dir gelingt, von deinem Partner oder deiner Partnerin nicht zu erwarten, dass er oder sie dafür sorgt, dass du gute Gefühle hast, desto freier und glücklicher wirst du dich fühlen – weil du selbst der Mensch bist, der für dein Glück sorgt.

Erst ein Nein macht ein Ja zum Ja

Auch wenn wir selbst Verantwortung für unsere Bedürfnisse übernehmen, brauchen wir einander. Aber in vielen Beziehungen sind die Erwartungen zu groß. Wir idealisieren die Liebe. Sie soll alles ausgleichen, was ansonsten im Leben unbefriedigend ist.

Wenn du versuchst, dein Glück aus deiner Beziehung zu ziehen, dann überlastest du die Beziehung. Erst wenn du dich selbst glücklich machst, kann deine Beziehung langfristig glücklich sein. Damit das gelingt, musst du deine eigenen Grenzen wahrnehmen und nach außen kommunizieren. Insofern bedeutet Verantwortung für dein Lebensglück zu übernehmen, deine Grenzen freundlich, aber bestimmt zu zeigen.

Wenn es gelingt, dass mein Partner oder meine Partnerin meine Wünsche versteht und in seine eigenen Wünsche integrieren kann, dann ist das ein großes Glück. Ja, wir sind in Liebe verbunden, weil wir einander Wünsche erfüllen wollen. Es spricht nichts dagegen, sich gegenseitig nach Strich und Faden zu verwöhnen. Aber das sollte nicht aus einem unreflektierten Anspruch heraus erfolgen oder gar eine Bedingung für die Liebe sein, es sollte das punktuelle Ergebnis von Dialog und Prozess sein.

Es kommt vor, dass Bedürfnisse in einer Paarbeziehung nicht zusammenpassen. Der eine wünscht sich mehr Zeit miteinander, die andere möchte ihre Zeit gerade mit anderen Projekten und Aufgaben füllen. Das kann zu Frust führen. Aber habe ich deshalb wirklich Grund, auf meinen Partner oder meine Partnerin wütend zu sein? Sollte ich deshalb schlechte Laune haben und an der Beziehung zweifeln? Ich meine, nein.

Die Tatsache, dass beim anderen ein von meinen Bedürfnissen abweichendes Bedürfnis im Vordergrund steht, ist keine Rechtfertigung für Streit und Frust. Wenn dies trotzdem der Fall ist, dann achte mit viel Aufmerksamkeit und Fürsorge auf dich selbst und frage dich, wie du dich in eine ausgeglichene Stimmung bringen kannst: *Was macht dich glücklich, unabhängig von deiner Partnerin oder deinem*

Partner? Was verbindet dich mit dir selbst? Was sind deine Träume, die du verwirklichen möchtest? Womit möchtest du deine Zeit verbringen? Und womit nicht?

Wenn du darauf verzichten kannst, deinen Partner oder deine Partnerin für deine Bedürfniserfüllung zu verpflichten, dann entsteht ein verlockender und freier Raum zwischen euch, der viel verführerischer ist als jedes Nörgeln und jede Unzufriedenheit. Trotzdem ist es normal, hin und wieder zwischen dir und deinem Partner oder deiner Partnerin eine Grenze zu setzen. Damit dies nicht in Kampf und Streit geschieht, müssen wir lernen, unsere Grenzen in einer wohlwollenden und konstruktiven Haltung zu zeigen und auf deren Einhaltung zu bestehen.

Grenzen zu setzen, ist keine einfache Aufgabe. Die meisten Menschen lernen schon früh im Leben, dass sie nicht Nein sagen dürfen. Dabei ist die Fähigkeit zum Nein die Grundbedingung dafür, dass du Ja sagen kannst. Wer nicht Nein sagen darf, der hat keine Wahl und damit wird das Ja unecht und hohl. Wenn du selbst ein Nein bekommst, dann freue dich, denn nur wenn das Nein da sein darf, ist das Ja authentisch. Und mach dir klar, dass sich ein Nein nicht gegen dich richtet. Ein Nein ist auf der anderen Seite nur ein Ja des anderen zu sich selbst.

Den Raum des Sagbaren vergrößern

Menschen entwickeln und verändern sich zeit ihres Lebens, denn die Umstände um uns herum, aber auch innere Befindlichkeiten und Bedürfnisse wandeln sich. Veränderung ist die Kraft, mit der sich ein Mensch immer wieder auf neue Anforderungen einstellen kann.

Genauso ist das auch innerhalb einer Liebesbeziehung. Am Anfang einer fantastischen Verliebtheit haben beide dieselben Bedürfnisse oder zumindest eine große geteilte Schnittmenge: Beide wollen ständig zusammen sein, wollen viel Sex oder stundenlang reden. Egal was, es passt einfach.

Aber dann geht das Leben weiter. Früher oder später sind die Bedürfnisse und Wünsche nicht mehr synchron. Das kann den Sex betreffen, aber auch alle anderen Bereiche des Lebens. Ihr steht dann vor der Aufgabe, über die Unterschiede zu sprechen und dafür zu sorgen, dass neu auftretende Bedürfnisse zumindest angehört und verstanden werden können.

In allen Beziehungen gibt es jedoch einen Korridor des Erlaubten. Dieser Korridor besteht aus bewusst oder unbewusst gewählten, ausgesprochenen oder unausgesprochenen Vereinbarungen oder Erwartungen wie beispielsweise: »Sex gibt es für immer nur noch zwischen uns beiden.« »Du darfst niemals einen anderen attraktiv finden.« »Ich gehe arbeiten und erwarte von dir, dass du Kinder und Haushalt organisierst.« »Ab jetzt schlafen wir jede Nacht im selben Bett.«

Alles, was der Korridor als falsch definiert, ist innerhalb der Beziehung nicht erlaubt. Wenn einer der beiden diesen Korridor eigenmächtig verlässt und darüber schweigt, gerät die Beziehung in eine Krise. Weil der Korridor zwischen falsch und richtig unterscheidet, definiert er nicht nur das richtige und falsche Verhalten, sondern er begrenzt den Raum des Sagbaren. Alles, was im Rahmen des jeweiligen Korridors verboten, schmutzig, lächerlich, ekelhaft oder als unangemessen erachtet wird, kann in der Regel nicht besprochen werden. Denn wenn ich Bedürfnisse äußern würde, die außerhalb des Korridors liegen, dann hieße das, dass ich falsche, schmutzige, ekelhafte oder unangemessen erscheinende Bedürfnisse habe. Was sagt das über mich als Mensch aus? Bin ich dann auch ein schlechter Mensch? Es hieße, dass ich womöglich nicht »echt« und »ehrlich« liebe. Denn die Verknüpfung von erlaubten Bedürfnissen und Wünschen mit der jeweiligen Liebesdefinition lässt eine Veränderung der Bedürfnisse nicht zu. Und es hieße, dass ich mit hoher Wahrscheinlichkeit Drama in meine Beziehung bringe, denn die andere Person wird kaum widerstandslos zusehen, wie die eigene Definition von Liebe durch abweichende Bedürfnisse infrage gestellt wird. Sie wird wahrscheinlich moralisch reagieren, mich abwehren oder sogar zum Angriff übergehen.

Das erklärt, warum Bedürfnisse außerhalb der festgelegten Norm ins dunkle Hinterzimmer unserer Gehirne verdrängt werden. Das betrifft alle Sorten von Bedürfnissen. Es muss nicht gleich der Wunsch nach fremder Haut sein. Auch andere Wünsche – beispielsweise allein sein zu wollen und regelmäßig Zeit ohne den Partner oder die Partnerin haben zu wollen, vielleicht in getrennten Wohnungen leben zu wollen oder eigene Freundschaften haben zu wollen – werden verdrängt. All das können legitime Wünsche sein, die den Raum des Erlaubten sprengen. Aus Angst vor Konflikten und aus Angst, den anderen womöglich zu verlieren, wird über diese Wünsche geschwiegen.

Das ist der Grund, warum Beziehungen in die Krise geraten. Die Tatsache, dass wir etwas bewahren wollen, was früher schön und stimmig war, ist Ursache für Unglück in der Liebe. Besonders deutlich wird dieser Zusammenhang im Kontext der Monogamie. Dadurch, dass die Grunderwartung aneinander die ewige körperliche Treue ist, wird von Anfang an der Raum des Sagbaren klar definiert. Ich behaupte nicht, dass jeder Mensch sexuelle Lust auf viele andere Menschen hat. Es kommt aber oft vor, dass die Monogamie zu persönlichen Kompromissen zwingt, die langfristig die beschriebenen Effekte haben.

Enge Grenzen geben Sicherheit und Orientierung, aber sie behindern auch die frei fließende Liebe, die sich immer wieder neu erfinden will. Die monogame Liebe versucht etwas zu fixieren, was von seinem Wesen her immer wieder seine Formen wechseln möchte. Du kannst dir das mit dem Bild eines Schmetterlings vorstellen. Wir wollen seine Schönheit bewahren und an die Wand hängen, aber durch diese Konservierungsmethode verliert der Schmetterling das Schönste, was er hat: seine Lebendigkeit.

Wenn Paare die Konflikte erkennen, die sich aus zu engen Regeln ergeben, und darüber sprechen, können sie Schritte ausprobieren, die mehr Offenheit für die jeweiligen Wünsche schaffen. Das führt nicht zwangsläufig in eine nichtmonogame Beziehung. Auch innerhalb der Monogamie können die Regeln enger oder weiter gefasst sein.

Monogame Beziehungen unterscheiden sich stark voneinander, denn die Vorstellungen, was erlaubt ist, können weit auseinanderliegen. Während es früher zum Beispiel unvorstellbar war, Sex vor der Ehe zu haben, ist es heute normal, dass beide Liebenden vor der Beziehung andere Sexualkontakte hatten.

Wenn du wissen möchtest, wie dein Beziehungsmodell im Hinblick auf sexuelle Grenzen aussieht, dann helfen dir folgende Fragen bei der Annäherung: *Ist es mir und meinem Partner oder meiner Partnerin erlaubt, andere Menschen anzuschauen? Darf ich ausdrücken, wenn mir etwas gefällt an anderen Menschen, wenn ich sie sogar sexuell attraktiv finde? Darf ich mit anderen Menschen flirten? Darf ich Fantasien haben und darf ich davon erzählen? Darf ich gegengeschlechtliche Freundschaften haben? Darf ich andere Menschen berühren? Darf ich allein oder mit anderen in den Urlaub fahren? Darf ich befreundet sein mit Menschen, mit denen ich früher einmal Sex hatte? Ist Küssen schon fremdgehen? Darf ich Kontakt zu meinen Ex-Partnern oder -Partnerinnen haben? Darf ich allein in die Sauna gehen? Darf ich Pornos schauen? Darf ich Sex kaufen?*

All diese Fragen lassen sich auch im Rahmen von monogamen Beziehungen mit Ja beantworten. Das zeigt, dass der Rahmen des Erlaubten größer und kleiner sein kann, je nachdem welche Spielregeln vereinbart werden. Es gibt kein natürlicherweise vorgegebenes, richtiges Konzept. Es gibt nur das Modell, das du gerade lebst. Die Regeln der Beziehung sind verhandelbar. Und sie müssen besprochen werden, da sonst Enttäuschung vorprogrammiert ist. Weil sich Bedürfnisse im Laufe des Lebens verändern, verändern sich auch die Anforderungen der Liebesbeziehung.

Das Gehirn ist einerseits konservativ. Es möchte Bewährtes beibehalten und sträubt sich gegen Lernanforderungen. Andererseits sind Entwicklung und Veränderung genau das, was das Gehirn aktiv und jung hält. Das bringt auch wieder Aspekte der Fremdheit ins Spiel, und diese wiederum stimulieren das sexuelle Begehren. Es gibt demnach viele gute Gründe, sich immer wieder den eigenen Grenzen zu nähern und zu prüfen, ob sich das ein oder andere Empfinden vielleicht verändert hat.

Die Qualität einer Beziehung wird nicht durch das Erlaubte oder Verbotene bestimmt, sondern hängt davon ab, ob die Beteiligten über ihre eigenen Bedürfnisse, Hoffnungen und Ängste sprechen können, ob es also einen Raum gibt, in dem alles sagbar ist – ohne dass Verletzung, Abwertung oder Verlust zu fürchten ist.

Das Hauptproblem der Monogamie besteht darin, dass der Raum für das Sagbare von vornherein zu stark begrenzt wird und damit ganz normale Bedürfnisse wie die Sehnsucht nach Abenteuer und Freiheit in den Raum des Unterbewussten verdrängt werden. Paare sprechen nicht über Wünsche, die im Standardraum der Monogamie nicht vorkommen dürfen, weil diese Themen oft unmittelbar starke emotionale Reaktionen auslösen. Es entsteht ein Tabubereich, in den alles Unerlaubte verschoben wird – damit ist es aber nicht weg. Es führt ein Leben im Geheimen. Und es bahnt sich irgendwann seinen Weg an die Oberfläche.

Ich hoffe, dass du dich nun nicht mehr fragst, warum es in monogamen Beziehungen so häufig zu Betrug und Untreue kommt. Wer monogam lebt, muss akzeptieren, dass diese Liebesform in den meisten Menschen Wünsche unterdrückt, die nicht immer durch den Verstand gebändigt werden können. Dieser Zusammenhang ist Kernbestandteil der Monogamie. Wir können weiterhin die Augen davor verschließen und moralische Verurteilung praktizieren, oder wir wagen den Schritt in eine neue Offenheit. Die Offenheit, darüber zu reden, welche Bedürfnisse möglicherweise verdrängt werden.

Du wirst jetzt vielleicht sagen, dass Erotik und Sex nicht alles ist und die Monogamie eine ganze Reihe toller Vorteile bietet: einen sicheren Rahmen für Elternschaft, ökonomische Sicherheit, emotionale Stabilität, Schutz vor sexuellen Krankheiten. Und das stimmt zweifellos. Ich kenne monogame Beziehungen, die über Jahrzehnte gut funktionieren. Doch genauso unstrittig ist die Tatsache, dass zur Monogamie die Bedrohung durch potenzielle Untreue gehört. Nicht jede monogame Beziehung durchlebt diese Phase, aber zu viele Beziehungen enden, weil ein Partner oder eine Partnerin fremdgegangen ist und der oder die andere die Affäre nicht verkraften und verarbeiten kann.

Wenn wir ehrlich sind, hält die Sicherheit der Monogamie nur so lange, wie sich beide Partner zum Verzicht bekennen. Das kann lange oder auch für immer der Fall sein. Aber es gehört dazu, dass monogam lebende Menschen möglicherweise ihre sexuellen Begierden heimlich außerhalb der Beziehung befriedigen oder dass emotionale Bedürfnisse ausgelagert werden. Ob das für die Beziehung zum Problem wird, hängt unmittelbar mit der Einstellung und den Glaubenssätzen über die Liebe zusammen, die in der Beziehung gelebt werden – mit dem bereits beschriebenen Korridor. Und deshalb ist es so hilfreich, wenn Paare frühzeitig über ihren Korridor sprechen und sich ausmachen, wie sie vermeiden können, dass es sagbare und nichtsagbare Gefühle, Bedürfnisse und Wünsche gibt.

Mein Raum, dein Raum, unser Raum

Ein weit verbreitetes Phänomen der Monogamie ist, dass so viel wie möglich gemeinsam stattfinden soll und vor allem alles Körperliche nur im Zweier-Raum existieren darf. Häufig wird sogar die Selbstbefriedigung als Bedrohung der Paarregeln gesehen und findet daher nicht oder nur geheim statt. Diese Einschränkung auf den Paarraum führt zu einer veränderten Selbstwahrnehmung. Denn alles, was du erlebst, muss stets kompatibel mit dem Partner oder der Partnerin sein.

Vielleicht hast du schon einmal beobachtet, dass du dich bei jedem deiner Freunde unterschiedlich verhältst. Bestimmte Verhaltensweisen zeigst du nur bestimmten Menschen und nur in passenden Situationen, dann nämlich, wenn du davon ausgehen kannst, dass der andere dein Verhalten gut findet oder zumindest toleriert. Das ist auch mit deinen Kolleginnen und Kollegen so, mit deinen Familienangehörigen, mit allen Menschen in deinem Umfeld. Jeder Mensch spiegelt dich anders, sieht und versteht dich anders und reagiert auf andere Aspekte deiner Persönlichkeit. Und daher erlebst du mit unterschiedlichen Menschen verschiedene Facetten deiner Persönlichkeit. Wenn wir unsere eigene innere Vielfalt erleben wollen, dann brauchen wir viele Menschen, denen wir begegnen und in denen wir uns spiegeln können. Wir sind im Grunde mit jedem Menschen selbst ein etwas anderer Mensch.

Genauso ist das in der Sexualität. Jedem Menschen kannst du bestimmte Seiten zeigen. Andere Aspekte finden beim Gegenüber keine »Rezeptoren«, bleiben damit unerkannt und womöglich auch dir selbst verborgen. Natürlich kannst du entscheiden, dass du dich sexuell nur in einem Menschen spiegeln willst, solange du dir bewusst bist, dass die Fixierung auf den Zweier-Raum eine Einschränkung deiner Wahrnehmungsmöglichkeiten, deiner Erlebnisvielfalt und auch deiner Persönlichkeit darstellt.

Eine Paarbeziehung kann davon profitieren, wenn es neben dem Zweier-Raum auch jeweils eigenständige Räume für beide Beteiligten gibt: meinen Raum, deinen Raum und unseren Raum.

Stell dir vor, du hättest diesen eigenen Raum, in dem du dich frei von den Erwartungen des anderen erleben könntest. Vielleicht hast du sogar schon deinen eigenen Raum, aber du bist darin nicht richtig frei, weil die Regeln des Zweier-Raums zu stark deinen Raum beeinflussen. Oder du hast deinen eigenen Raum heimlich. Du zeigst dich niemals damit, weil du das Gefühl hast, dass du etwas Verbotenes tust.

Stell dir vor, es wäre erlaubt, dass du deinen Raum hast, und niemand macht dir darin irgendwelche Vorgaben. Du entscheidest, was dir guttut. Du entscheidest, was du tust, mit wem du es tust, wie du es tust und was du nicht tust. Und du darfst trotzdem den Zweier-Raum lieben, genießen und heilig schätzen. Du hättest beide Räume, in denen unterschiedliche Qualitäten zum Tragen kommen.

Stell dir vor, du wärst in deinem Raum glücklich! Und du wärst im gemeinsamen Raum ebenfalls glücklich. Du wärst emotional satt und zufrieden und du würdest all das Wesentliche bekommen, was du für dein Lebensglück brauchst. Und jetzt stell dir bitte die Frage: Könntest du dir mit diesen Voraussetzungen vorstellen, den anderen in seinen eigenen Raum gehen zu lassen? Einen Raum, bei dem du darauf verzichtest, deine Regeln anzuwenden? Es wäre eben nicht dein Raum. Er gehört nicht dir. Was der andere in seinem Raum tut oder nicht tut, sollte er ganz allein entscheiden dürfen. Er erlebt sich darin, wie er es möchte, verbindet sich mit anderen, löst sich aus den Verbindungen wieder, tut und lässt, was ihm guttut.

Stell dir vor, es gibt einen Raum, in dem deine Partnerin oder dein Partner alles tut, was ihren oder seinen ureigenen Wünschen entspricht. Das, was in diesem Raum geschieht, macht sie oder ihn glücklich. Kannst du dir vorstellen, dass dieser Raum für dich nicht bedrohlich ist, auch wenn du darauf verzichtest, deine Regeln darin zu durchzusetzen? Warum sollte dieser Raum dich bedrohen? Alles, was darin geschieht, dient dem Glück des anderen. Und dieses Glück werdet ihr in euren gemeinsamen Zweier-Raum hineintragen. Dort könnt ihr zusammen die Früchte eurer jeweiligen Räume ernten. Ihr teilt das miteinander, was ihr teilen wollt, und ihr akzeptiert auch, dass es Dinge gibt, die nur einen von euch betreffen.

»Du hast gesagt, dass man zwei Menschen lieben kann. Aber wie geht das ganz praktisch, meine ich?« Katja hat sich inzwischen emotional stabilisiert. Statt im Drama zu versinken, hat sie den Bock bei den Hörnern gepackt und ihr Leben umgekrempelt. Sie arbeitet jetzt Vollzeit. Sie geht regelmäßig zum Sport und hat für sich das Wandern entdeckt. Mit einer Gruppe des Deutschen Alpenvereins ist sie jetzt schon das dritte Mal losgezogen, und nachdem sich der Schmerz über die Verlassenheit ein wenig gelegt hatte, wurden ihr auch Chancen der neuen Freiheit bewusst: noch mal etwas ganz Neues erleben, was im alten Leben nie denkbar gewesen wäre. Noch mal Anfänge. Mehrere Flirts hatte sie und einmal sogar Sex mit einem netten Mann. Etwas scheu fühlte sie sich und ungelenk, aber die Lust, die sie bald ergriff, war überwältigend. Sie fühlte sich um Jahre jünger ... Und sie genoss, dass es keine emotionale Verwirklichung gab, keine Verpflichtungen, keine Versprechungen.

Der Abstand zu Martin tat ihr gut. Gleichzeitig blieben die beiden in Verbindung. Am Beginn der Paartherapie war klar, dass beide die Trennung nicht wollen, aber trotzdem Abstand brauchen, um sich zu sortieren. Beide waren sich einig: Egal, ob es zu einer Trennung kommt oder nicht, sie wollten die Situation verstehen und aufarbeiten. »Wir wollen uns als Freunde trennen oder als Liebespaar zusammenfinden.« Das war das erklärte Ziel. Und es überraschte mich keineswegs, dass Katja eines Tages verkündete: »Ich liebe Martin so sehr. Und ich will wieder mit ihm zusammen sein und so richtig glücklich sein. Und wenn ich so glücklich wäre, dann wäre es mir doch egal, ob mein Mann in den Sportclub geht in seiner Freizeit – oder ob er eine Geliebte hat! Ich will nur nicht außen vor gelassen werden.«

Nach einem Jahr der Trennung sprechen Martin und Katja darüber, wie es wäre, wenn sie wieder ein Paar wären. »Wir sind doch in Beziehung. Die ganze Zeit. Wir hatten mehr Distanz in den letzten zwölf Monaten, aber wir können ja auch wieder näherrücken«, fasst Martin die Situation zusammen und Katja nickt. Die beiden sitzen wie frisch verliebt vor mir und ich kann fühlen, dass da etwas Neues gewachsen ist. »Ich finde nicht gut, dass es da immer noch Tanja gibt, aber ich weiß heute viel besser, was ich mir wünsche und von meinem Mann bekommen will.«

»Es ist verrückt«, gesteht Katja, »und ich will es eigentlich auch nicht zugeben. Das letzte Jahr war eine Zumutung und eine Katastrophe, aber ich bin froh über die Dinge, die ich gelernt habe. Ich glaube, da ist noch so viel zu entdecken. Ich hätte nie die Augen aufgemacht.«

Es ist unklar, wie die Beziehung zwischen Martin und Tanja weitergeht. Tanja hat inzwischen die Firma verlassen und ist in eine 300 Kilometer entfernte Stadt gezogen. »Ja, ich liebe Tanja«, sagt Martin. »Und sie wird immer ein besonderer Mensch für mich sein. Aber ich möchte keine Kinder mehr bekommen und das steht ihrem Lebenstraum im Weg. Und ich liebe meine Frau. Ich kann es selbst nicht verstehen, aber damals habe ich keinen Weg gefunden, das zusammenzuführen. Heute bin ich erleichtert, dass ich einfach erzählen kann, was in mir los ist. Und es ist auch gut, dass Tanja einen Weg ohne mich gehen möchte. Das entspannt mich auch.«

»Wie nennt ihr das, was ihr jetzt lebt? Ist das eine offene Beziehung?«, frage ich. »In gewisser Hinsicht schon, aber offen wofür?«, bemerkt Martin klug. »Ich würde sagen, wir sind füreinander offen.« »Ja, dass man alles sagen darf und dass man okay ist, auch wenn man doof ist.« Katja knufft Martin in die Seite. Er lacht und gibt ihr einen Klaps auf den Schenkel.

»Was ist heute anders?«, frage ich beide. »Wir sind viel eigenständiger«, sagt Martin. »Ja, aber gleichzeitig sehen wir uns viel echter, oder?«, fragt Katja. »Ja, ich kann mehr von dir sehen und ich kann auch mehr von mir sehen. Mir war früher nicht klar, dass man selbst so viel Einfluss hat und dass Sprechen hilft.«

Katja und Martin haben einen beeindruckenden Weg hingelegt. Einen Weg, der Emotion mit Reflexion verbunden hat, der zu mehr Ehrlichkeit geführt hat, zu einer besseren Selbstkenntnis der beiden und zu einer tieferen Verbindung. Und das ist eine große Besonderheit.

Gescheitert wäre die Beziehung der beiden daran, dass sie nicht miteinander gesprochen haben, dass sie im Grunde wenig voneinander wussten und dass ihre Empfindungen und verborgenen Wünsche nicht mit dem klaren Bild einer monogamen Ehe übereingestimmt haben. Erst wenn es möglich ist, dass Menschen ihre innere Einzigartigkeit wahrnehmen und benennen können, ohne von anderen abgelehnt zu werden, entsteht der Raum für wirklich passende Lösungen.

Katja hat während des Trennungsjahres ihre eigene Sexualität neu entdeckt und für die Zukunft ist ihr wichtig, dass sie sich frei entfalten kann. Das wiederum stellt nun Martin vor eine große Aufgabe. Denn während er sich früher für einen völlig eifersuchtsfreien Menschen gehalten hat, kämpft er heute mit seiner Eifersucht, wenn Katja ihre Wünsche nach freien sexuellen Begegnungen auch mit anderen formuliert. Martin ist emotional schwer gebeutelt und Katja ist in keinem Moment schadenfroh. Sie weiß, wie entsetzlich sich Eifersucht anfühlt. »Ich fühle mit dir, Martin, und ich will für dich da sein. Aber ich kann dir diesen Schmerz nicht nehmen. Ich möchte mich sexuell weiter erforschen und alles fühlen dürfen. Was brauchst du, damit du mir das gönnen kannst?«

Die sexpositive Liebe

Eine offene Beziehung sucht neue Wege zwischen Bindung und Autonomie

Wenn zwei Menschen für sich festlegen, dass sie eine eigene, unabhängige sexuelle Identität besitzen und niemand dem anderen vorschreiben kann, wie er seinen Körper in dieser Welt fühlen und erfahren will, darf die Sexualität unter bestimmten Umständen auch außerhalb der Zweierbeziehung stattfinden. Eine sexpositive Beziehung sucht nach Wegen, wie individuelle und selbstbestimmte Lusterfahrung nicht zur Quelle von Kummer und Streit wird, sondern zu einer positiven Gemeinschaftserfahrung, die für alle Beteiligten möglichst viel Freude und Genuss erlaubt.

Was bedeutet sexpositiv?

Sexpositivität ist ein Begriff, der erst in jüngster Zeit populär geworden ist. Er beschreibt eine Haltung zur Sexualität, die davon ausgeht, dass alle sexuellen Bedürfnisse natürlich und in Ordnung sind, solange sie einvernehmlich, also mit Zustimmung aller Beteiligten, ausgelebt werden. Alle deine Bedürfnisse, Wünsche und Ideen sind in der Sexpositivität willkommen. Du darfst dich mit all deinen Fantasien, deiner Spiellust und Experimentierfreude einbringen und ausleben. Sexpositivität sagt Ja zu deiner Körperlichkeit und Ja zu einer sexuellen Lust, die sich frei zeigen und entfalten darf. Sexpositivität holt Lust und Begierde aus dem dunklen Hinterzimmer hervor in die Küche, wo sie gleichberechtigt mit allen anderen Bedürfnissen gemütlich am Tisch mit Kaffee und Kuchen sitzen und essen dürfen. Sexpositivität gibt dir selbst die Freiheit und die Verantwortung, über deine eigene Lusterfahrung zu bestimmen.

Sexpositivität bedeutet also, dass du selbst entscheiden kannst, wie du Sexualität leben und entdecken willst. Eine sexpositive Beziehung wird mit hoher Wahrscheinlichkeit den Rahmen von rein monogamen Liebesmodellen verlassen. Dennoch kann auch eine monogame Beziehung sexpositiv sein – wenn sie vom Willen getragen ist, dass beide ihre Sexualität selbstbestimmt entwickeln. Und zweifellos können zwei Menschen für sich individuell entscheiden, dass sie Sexualität nur im Zweier-Raum erleben wollen.

Sexualität ist von gesellschaftlichen Vorstellungen und Normen beeinflusst. Es gibt Praktiken, die als »normal« und erlaubt gelten, andere wiederum werden als »schmutzig« und verwerflich betrachtet. Auf einer Seite der Skala steht etwa, dass Missionsstellung mit Koitus in Ordnung sei, aber bitte nur unter der Decke im Dunkeln und bestenfalls nur mit dem Ziel der Zeugung von Nachwuchs. Je weiter die anderen Spielarten, die mit Lust und Spaß zu tun haben, von dieser Haltung abweichen, desto eher werden sie abgewertet.

In einer sexpositiven Beziehung versuchen die Beteiligten ihre individuellen Bedürfnisse zu ergründen und – bestenfalls einvernehmlich – jeweils Räume und Zeiten für das Ausleben zu schaffen. Sexpositiv ist eine Liebe folglich dann, wenn alle Beteiligten ein Höchstmaß an sexueller Befriedigung ganz nach eigenen Wünschen erleben dürfen. Sexpositive Paare gehen davon aus, dass Sexualität nicht per se auf einen einzigen Menschen fixiert werden kann, und sie empfinden weitere Sexualpartner oder Sexualpartnerinnen nicht prinzipiell als Gefahr. Sie suchen Wege, wie die Beteiligten in unterschiedlichen Räumen sexuelle Befriedigung und Erfüllung finden können – auf jeweils selbstbestimmte Art und Weise. Natürlich gibt es Menschen, die ihre Sexualität nur mit einem einzigen Menschen ausleben wollen. Genauso wie es Menschen gibt, die nie mit anderen, sondern immer nur allein mit sich selbst Sexualität leben, und Menschen, die sich selbst als asexuell empfinden und keine geschlechtliche Sexualität leben wollen. All diese Facetten werden als normaler Bestandteil der breiten Palette sexueller Neigungen interpretiert und gelten aus sexpositiver Sicht als normal und willkommen.

Das, was für dich richtig und angemessen ist, kannst nur du selbst empfinden und benennen. Und um für dich herauszufinden, was dir gefällt, benötigst du Offenheit und die Bereitschaft, Neues zu entdecken, sowie einen offenen Rahmen, der dich vor Verurteilungen anderer schützt und zum Experimentieren einlädt.

Sexualität ist etwas, das sich im Laufe des Lebens verändert und verändern darf. Das eigene sexuelle Erleben wird dadurch geprägt, welche sexuellen Erfahrungen wir machen. Wir können eine bessere und schönere Sexualität lernen, indem wir uns bessere und schönere sexuelle Erfahrungen ermöglichen. Letzten Endes ist schöne Sexualität die Folge bestimmter Entscheidungen. Sie beginnt mit der Entscheidung, dass du es schön haben möchtest mit dir und deinem Körper und dass du dann sukzessive und strategisch nach guten sexuellen Erfahrungen suchst, sie also aktiv herstellst.

Eine sexpositive Beziehung versucht genau das: die Bedingungen so zu organisieren, dass der Sex besser, tiefer, reifer, schöner und einzigartiger werden darf. Innerhalb oder auch außerhalb der Zweierbeziehung.

Auch hier ist Vielfalt der Schlüssel. Ich möchte dir das

Ganze mit einem Beispiel verdeutlichen. Stell dir vor, du reitest gerne. Dein Pferd und du, ihr passt prima zusammen und ihr macht viele Ausflüge. Aber eines Tages merkst du, dass du nicht richtig bei der Sache bist, dein Pferd stolpert und wirkt irgendwie ungelenk. Ihr kommt nicht in Gleichklang. Am nächsten Tag setzt du dich – aus einer Laune heraus – auf ein anderes Pferd. Und auf einmal stellt du fest: Du bist hellwach. Du sitzt ganz anders. Dieses andere Pferd hat eine beflügelnde Wirkung auf dich und es lässt dich deinen eigenen Körper ganz anders fühlen. Du fragst dich plötzlich: Hoppla, so fühlt sich Reiten an? Du wirst neugierig und am nächsten Tag setzt du dich vielleicht auf einen prachtvollen Friesen. Du erwartest Härte und Zugkraft. Erstaunt stellst du fest, dass dieser mächtige Körper ganz sanft zu dir ist, fast fließend. Oder du setzt dich auf ein kleines Pony, weil du ohne Komplikationen reiten möchtest. Aber dann ist das Pony dermaßen bockig und stur, dass du plötzlich denkst, du hättest das Reiten verlernt.

Alle diese Pferde zeigen dir eine andere Seite von dir selbst. Und als du dich nach drei Tagen wieder auf dein eigenes Pferd setzt, bist du verblüfft, wie besonders diese Begegnung ist. Nicht nur du, auch dein Pferd hat sich verändert. Ganz scheu begegnet ihr euch, aber ihr taut schnell auf – weil ihr euch gut kennt und tief befreundet seid. Während ihr zusammen durch euren wohlbekannten Wald reitet, fangt ihr an, euch zu erzählen, was ihr mit den anderen Pferden und Reitern erlebt habt.

Jede Begegnung mit einem anderen Menschen macht deinen inneren Erfahrungsschatz größer. Jede sexuelle Erfahrung zeigt dir deine innere Vielfalt. Zusätzlich lernst du Kompetenzen auf der handwerklichen Ebene kennen. So kann man sich anfassen? So kann ich mich auch bewegen? So kann ich mich fühlen und im anderen spiegeln?

Das ist wie das Sammeln von Fäden. Du hast deine Fäden aus der Vergangenheit und nimmst immer wieder neue dazu, flechtest sie ein in deine alten Stränge und machst damit deinen Lebensstrang fester, bunter, stabiler. Du wirst zu dem Menschen, der du bist.

Das Bild mit dem Pferd ist auch für den Sexualakt hilfreich. Wer einmal reiten kann, der verlernt es nicht, könnte man meinen. Aber weil du immer wieder anders bist, gibt es kein Reitmanual, keine Anleitung zum Sex, die funktioniert. Richtig gute Vereinigung von Reiter und Pferd entsteht dann, wenn beide die Signale des anderen wahrnehmen und respektieren. So findet auch der Sex auf allen Ebenen statt, mit allen Sinnen und in deinen Gedanken. Wer beim Sex nur an Genitalien denkt, beschränkt sich selbst. Sex als tiefe Erfahrung von Fallenlassen, von ganz und gar Angenommensein, entsteht nur, wenn wir so sensibel aufeinander achten, dass Platz für alle Impulse ist. Für alle kleinsten Regungen und Bewegungen wie Aufeinander-zugehen, Innehalten, Abstandnehmen und wieder neu auf etwas zugehen.

Richtig befriedigend wird das Reiten erst, wenn tiefes Vertrauen zwischen Pferd und Reiterin oder Reiter entsteht. Wenn der Reiter oder die Reiterin zu dominant oder uninteressiert, unaufmerksam oder unberührbar ist, und das Pferd nicht spürt, dass es genau das bekommt, was es gerade braucht, dann wird das bestenfalls Mittelmaß. Dann kommt es vielleicht sogar zu einem Abwurf oder einer gequälten Unterrichtsstunde auf dem Schulpferd.

Wir wollen uns immer wieder komplett neu erleben – wir haben diese Sehnsucht. Wir wollen uns einzigartig spüren und gleichzeitig Geborgenheit und Verbindung fühlen. Wir suchen die Erfahrung nach Ganzheit, die uns sagt: Ich bin wertvoller und unverzichtbarer Teil eines größeren Sinns. Und diese Kombination kann sich wahrhaft göttlich anfühlen. Ich erlebe mich frei *und* gebunden.

Es ist in Ordnung, wenn wir uns gegenseitig beim Sex ermutigen, wenn wir uns Angebote machen, mutig ausprobieren, aber auch verwerfen, wenn etwas nicht passt. Wenn ich nicht möchte, dass du mich jetzt zwischen den Beinen anfasst, dann brauche ich vielleicht gerade Berührungen am Kopf. Nur weil ich es in diesem Moment nicht möchte, heißt das nicht, dass ich diese Berührungen allgemein ablehne. Wenn ich eine Grenze ziehe, dann lehne ich damit nicht dich ab, sondern erkenne mich und die Weisheit meines Körpers an. Wenn du ein Nein bekommst, dann freu dich über dieses Nein. Freu dich über die Klarheit des anderen und warte neugierig und offen auf deinen nächsten Impuls. Oder warte, bis der neue Impuls deines Gegenübers dich erreicht.

Du kannst mit der sexpositiven Sexualität deine riesigen, inneren Welten entdecken. Du kannst Versöhnung finden mit dir und deinem Körper. Du kannst erleben, dich hemmungslos fallen zu lassen und aufgefangen zu werden. Du kannst dir allein und zusammen mit anderen die schönsten Momente deines Lebens schenken. Das Leben mit wachen Sinnen wahrnehmen, riechen, spüren, wie es wärmt, erleben, dass du gesehen wirst. Fühlen, wie es ist, mit einem anderen Menschen mitzugehen. Die Welt durch seine Augen sehen. Die Welt durch sein Herz fühlen. Daraus erwächst unfassbar viel Kompetenz. Das Geschenk ist nicht nur sexuelle Befriedigung – das Geschenk ist tiefe Verbindung und Zufriedenheit.

Was ist eine offene Beziehung?

Sexpositive Beziehungen haben eine große Bandbreite von Ausformungen, Regeln und Prinzipien. Ich beschreibe im Folgenden verschiedene Modelle von nichtmonogamen Beziehungen, beginnend mit der offenen Beziehung.

Vorweg möchte ich ein Missverständnis aufklären: Eine offene Beziehung ist nicht gleichbedeutend mit einer bindungslosen oder unzuverlässigen Beziehung. Eine tragfähige offene Beziehung ist sexuell nicht exklusiv, sehr wohl aber von Treue und Loyalität der Beziehungspartnerinnen und Beziehungspartner getragen.

Doch bevor ich darauf genauer eingehe, möchte ich eine weitere wichtige Frage klären: Wofür öffnen sich Menschen eigentlich, wenn sie überlegen, eine offene Beziehung zu führen? Sie öffnen sich zunächst für die Hinterfragung ihrer Glaubenssätze und Ideale in Bezug auf Liebe und Beziehung. Ist das, was die Monogamie vorgibt, für die eigenen Gefühle und Bedürfnisse passend? Gibt es etwas, das ich mir darüber hinaus ersehne?

Du öffnest dich also nach innen, indem du fragst: Was ist eigentlich in mir? Was sind meine Träume? Was will ich erleben? Wie will ich fühlen? Was will ich dürfen? Und orientiere ich mich womöglich nach Werten und Idealen, die gar nicht meine eigenen sind? Wo verbiege ich mich, um der Norm zu entsprechen? Was traue ich mich nicht einmal heimlich zu hoffen?

Das heißt, du öffnest dich für deine Gefühle und Gedanken – nicht nur für die leichten und schönen. Denn wenn du beschützende Rahmenbedingungen infrage stellst, dann wirst du Angst bekommen. Und dann kannst du dich fragen, wovor du dich eigentlich fürchtest und wovor dir das Treueideal Schutz geben soll. Vielleicht glaubst du, dass dein Selbstwert von der Treue von anderen abhängt. Oder ist es vielleicht eine existenzielle Verlassenheitsangst? Du glaubst, weil dir deine Partnerin oder dein Partner treu ist, musst du nie mehr Angst vor dem Alleinsein haben. Solche und ähnliche Versprechen sind immer Teil des unausgesprochenen Beziehungsvertrags zwischen zwei Liebenden. In der Regel erwarten wir mehr oder weniger unbewusst, dass mit der Einwilligung in eine Beziehung eine ganze Reihe solcher Schutz- und Einschränkungsmaßnahmen einhergeht.

Du kannst dich folglich fragen: *Was genau erwarte ich von meiner Beziehung? Was verlange ich mir dafür ab? Was verlange ich meinem Gegenüber ab? Was ist der Preis dieser Schutzeinrichtung? Und will ich diesen Preis bezahlen?*

Der zweite Schritt der Öffnung bezieht sich auf meine Partnerin oder meinen Partner. Denn es geht darum, diese sensiblen und vielleicht angstbesetzten, stark tabuisierten Themen miteinander zu besprechen, sich zu offenbaren und damit zu riskieren, anders zu fühlen als der andere. Vielleicht riskierst du auch moralische Bewertung oder Unverständnis. Diese Öffnung ist aber deshalb so zentral, weil sie die Grundlage dafür schafft, dass die Grenzen des Erlaubten einvernehmlich festgelegt und wo nötig verschoben werden können. Wenn ihr über Tabus sprecht, vergrößert ihr bereits den Raum des Erlaubten.

Ich möchte die offene Liebe von der freien Liebe der 1960er- und 1970er-Jahre abgrenzen, die die Bindung in einer Zweierbeziehung grundsätzlich infrage gestellt hat. Nach dem Motto »Wer einmal mit derselben pennt, gehört schon zum Establishment« wurde die Zweierbeziehung als überkommener, patriarchaler Unterdrückungsmechanismus gesehen. Und das ist in einer einvernehmlichen offenen Beziehung heutzutage nicht der Fall. Vielmehr gilt hier die Zweierbeziehung als Start- und Zielpunkt der Liebe. In einer offenen Beziehung versuchen Menschen als Paar einen gemeinsame Zwischenweg zu finden zwischen widersprüchlichen Bedürfnissen, zwischen Sicherheit und Abenteuer und zwischen Zusammengehörigkeit und Autonomie.

Das Ergebnis einer gelungenen Öffnung ist somit eine vertiefte Bindung. Warum? Wenn du dich dem anderen öffnest, dann gibst du dich in gewisser Weise preis. Du zeigst dich mit geheimen, verwundbaren Seiten. Du bist darauf angewiesen, dass der andere liebevoll und fürsorglich mit diesem Wissen über dich umgeht. Du musst darauf vertrauen, dass dein Gegenüber in seinen Handlungen dich und deine Gefühle berücksichtigt, dass er dich im Gefühl behält. Das bedeutet, dass du mit Sicherheit häufiger und stärker deine eigene Verwundbarkeit spürst. Du riskierst es, verletzt zu werden. Und indem du erlebst, dass dein Partner oder deine Partnerin auf dich achtet und deine Grenzen nicht grob verletzt, gewinnst du ein stärkeres Gefühl der Bindung und kannst vermutlich sogar dein Kontroll- und Regulierungsbedürfnis ein wenig abbauen. Das ist im Übrigen der Kern von Liebe: dass ich schwach werde, dass ich mich hingebe, mich ausliefere, mich ergebe und im Vertrauen auf Schutzmaßnahmen verzichte, dass mein Gegenüber meine Grenzen sieht und achtet. Ja, Liebe macht schwach.

Die Öffnung der Beziehung führt damit nicht in erster Linie zur Möglichkeit, mit fremder Haut Sex zu haben, sondern sich der Verantwortung zu stellen, die du durch deine Bindung zu einem anderen Menschen – und später vielleicht auch weiteren Menschen – angenommen hast. Diese Liebesarbeit ist anspruchsvoll. Sie ist Kern jeder guten Beziehung – egal ob monogam, offen oder polyamor.

Liebesarbeit umfasst alle Handlungen und Prozesse, mit denen du Abstimmung und Einfühlung mit deinem Partner oder deiner Partnerin herstellst. Sie bedarf einer ausgeprägten Kommunikationskompetenz, Empathie und Feingefühl. Und das sind genau die Kernkompetenzen, die du trainierst, wenn du deine Beziehung achtsam und verbindungvoll öffnest. Es geht um ein Mehr an Kontakt, ein Mehr an gegenseitigem Verständnis, Mut und Lebendigkeit.

Deshalb wird in offenen Liebeskonzepten die Monogamie auch nicht verteufelt oder komplett abgeschafft. Es geht stattdessen um eine ganzheitlichere Betrachtung von Beziehung, bei der sexuelle Exklusivität nicht die Basis der Beziehung ist – wohl aber Vertrauen, Transparenz und Loyalität.

Und damit ist klar: Wir reden hier nicht über die große Herumvögelei. Auch nicht darum, heimlich oder blauäugig nach Lust und Laune parallele Beziehungen oder flüchtige Sexkontakte einzugehen, ohne sich Gedanken darüber zu machen. Es geht nicht darum, dass du tust und lässt, was du willst. Die offene Beziehung kann ein Vorwand sein, sich gerade *nicht* auf Bindung einzulassen. Jemand, der das vorschlägt, um sich vor zu viel Nähe zu schützen, hat das Konzept der offenen Beziehung nicht verstanden. Es geht um ernsthafte Beziehungsarbeit, die nach ethischen Prinzipien erfolgen sollte. Wenn du das so lebst, dann kann die Öffnung den Kontakt zu den eigenen Gefühlen intensivieren und zum Erwerb von emotionaler Kompetenz und Reife beitragen.

Wenn du neue Wege in der Liebe ausprobieren willst, dann steht die Erkundung deiner Bedürfnisse an erster Stelle. In jeder Beziehung gibt es Wünsche, die sich gegenwärtig nicht oder nur schwer erfüllen lassen. Diese zu entdecken und zu besprechen. ist deshalb hilfreich, weil genau dort die Sollbruchstellen einer Beziehung liegen. Also frage dich: Was fehlt mir möglicherweise in meinem Leben? Wie möchte ich mich in meiner Beziehung fühlen und wie möchte ich meine Sexualität erleben?

Vielleicht entdeckt ihr im gemeinsamen Gespräch, dass ihr euch für euer weiteres Leben noch ein bisschen mehr Abenteuer und Spannung vorstellen könntet. Wenn das so ist, möchte ich dir nun ein paar Möglichkeiten mit auf den Weg geben. Ein Paar, das offen und authentisch auf der Suche nach einer passenden Beziehungsform ist, wird im Laufe der Zeit möglicherweise verschiedene dieser Modelle durchlaufen.

Ein beliebtes Einsteigermodell sind die sogenannten Swinger. Hierbei handelt es sich um Paare, bei denen beide Beteiligten Lust auf Sex mit anderen Menschen haben und deshalb die sexuelle Exklusivität teilweise aufgehoben wird. Dafür geben sich Swinger-Paare meistens feste Regeln. Eine der häufigsten ist: Ich will dabei sein, wenn du etwas mit anderen machst oder wir machen nur etwas zusammen.

Swinger-Clubs hatten lange etwas Anrüchiges, aber es gibt inzwischen schöne und aufgeräumte Ambiente, die längst nicht mehr in der Schmuddelecke sind, sondern eher dem hedonistischen Wellness- und Luxussektor zugehören: alte Schlösser, die für ein Festival der Sinne ausgestaltet werden, oder riesige Saunalandschaften für Swinger-Freunde.

Wenn sich Paare dabei gut fühlen, dass sie einander sexuelle Freiheiten einräumen können, dann entwickeln sie oft Beziehungsmodelle, die man »offene Beziehung« nennt. Eine solche Beziehung ist sexuell freizügig, aber meistens emotional monogam und verbindlich. Denn die Bindung zum Partner oder zur Partnerin steht an erster Stelle. Lediglich der Sex ist nicht mehr exklusiv.

In einer offenen Beziehung kommt es vor, dass die Liebenden intensive Verbindungen zu Dritten aufbauen. Diese können kurzfristig oder auch von längerer Dauer sein, je nachdem wie die Regeln der Paare aussehen. Auch im Rahmen einer offenen Beziehung gibt es viele Spielarten. Es gibt Paare, die erlauben sich grundsätzlich mal einen »Ausrutscher«, aber sie verhandeln dazu keine Regeln, weil der Ausrutscher gedanklich die Ausnahme bleiben soll. Was im Einzelnen tatsächlich passiert, ist genauso verborgen wie in der klassischen Monogamie. Manche bezeichnen dieses Modell als »Monogamie light«.

Dann gibt es Paare, die sagen: »Don't ask, don't tell – mach, was du nicht lassen kannst, aber ich will davon nichts wissen.« Dieses Modell ist ein beliebtes Modell für Einsteiger, aber es bringt erhebliches Konfliktpotenzial mit sich. Denn wer nicht spricht, der entwickelt keine gemeinsamen Vorstellungen und Vorgehensweisen. Es kommt in diesem Modell häufig zu Missverständnissen und damit zu heftigen Konflikten, die sich vermeiden lassen, wenn sich die Liebenden der Zumutung stellen, sich mit den eigenen Ängsten und Sehnsüchten offen zu beschäftigen.

Weitere Paare erlauben einander nur einmalige One-Night-Stands. Andere erlauben Mehrfachkontakte oder sogar langfristige Affären. Dabei wird meistens davon ausgegangen, dass die Verbindung körperlich und freundschaftlich ist, aber nicht romantisch. Die romantische Liebe bleibt in all diesen Modellen tendenziell der Paarbeziehung im Zentrum vorbehalten. Erst die polyamoren Liebesmodelle schaffen eine völlige Offenheit in Bezug auf Körper und Emotion. Zu dieser Spielart der Liebe kommen wir im nächsten Kapitel. Zunächst gehe ich auf zentrale Prinzipien ein, die sich bei der Entwicklung von Offenheit als hilfreich erwiesen haben.

7 Prinzipien der offenen Beziehung

Gerade am Anfang, wenn Paare über eine Öffnung nachdenken, wird die Frage nach geeigneten Regeln gestellt. Das ist nachvollziehbar, denn Regeln geben Sicherheit. Allerdings sind hierbei zwei Dinge zu beachten: Regeln sind nicht ein für alle Mal gültig. Sie müssen immer wieder neu besprochen und verändert werden. Wo es Regeln gibt, können sie auch gebrochen werden. Wenn eine Regel nicht passt, dann kommt es vor, dass die Regel verletzt wird – und dann steht man genauso betrogen da wie in einer klassischen monogamen Beziehung. Wichtiger als Regeln sind deshalb grundsätzliche Prinzipien, anhand derer sich Paare auf die Suche nach dem passenden Beziehungsmodell machen.

Prinzip 1: Glückliche Beziehung

Die wichtigste Voraussetzung für eine glücklich verlaufende Öffnung ist eine gute Beziehung. Eine Öffnung stellt ein Paar zwangsläufig unter Druck. Jede Beziehung hat Sollbruchstellen – diese werden im Öffnungsprozess sichtbar und bringen Konflikte mit sich. Oft wollen Paare die Beziehung öffnen, weil sie nicht mehr glücklich sind. Aber das geht schief. Erst kommt die Erarbeitung einer guten Basis, dann kann die Öffnung als Bonbon dazukommen. Legt miteinander fest: Was tun wir für unser gemeinsames Glück? Wie wollen wir unsere Beziehung aktiv und lebendig halten? Wie gestalten wir unsere Couple-Care?

Prinzip 2: Ehrlichkeit

Jeder von uns hat gelernt zu lügen. Manchmal sind Lügen sinnvoll, weil sie uns oder andere schützen, manchmal verletzen sie. Es geht nicht um eine moralische Frage, sondern um diese Fragen: Durfte ich im Laufe meines Lebens lernen, meine Gefühle und Gedanken auszusprechen, durfte ich mich authentisch äußern? Und kann ich zu mir selbst stehen? In welchem Maße muss ich mich selbst belügen, weil ich sonst meine inneren Widersprüche nicht aushalte? Wie geübt bin ich darin, mir selbst gegenüber ehrlich zu sein? Und kann ich mich mit allem, was da in mir ist, einem anderen anvertrauen oder befürchte ich, sofort bewertet oder abgelehnt zu werden?

Wenn ihr euch in eurer Beziehung etwas Gutes schenken wollt, dann schenkt euch Raum, um ehrlich zu werden. Das gelingt, wenn ihr aufhört, euch gegenseitig zu verurteilen, und offen seid für die Vielfalt des Lebens. Wenn ihr euch selbst so annehmt, wie ihr seid, auch mit den schwachen und unattraktiven Eigenschaften. Tatsächlich beginnt Ehrlichkeit in jedem Einzelnen und es ist eine lebenslange Aufgabe, sich selbst gegenüber aufrichtig zu werden.

Prinzip 3: Verantwortung

Die radikalste Veränderung in Paarprozessen erfolgt durch die Übernahme von Verantwortung für die eigenen Gefühle.

Egal was passiert, du bist immer verantwortlich dafür, wie du dich verhältst und welche Gefühle dein Gehirn für dich produziert. Umgekehrt kannst du dich auf den Kopf stellen: Du hast niemals wirklich einen Einfluss darauf, welche Gefühle dein Partner oder deine Partnerin in einer Situation erlebt. Wenn wir das verstehen, dann ändert sich unser Beziehungsleben grundlegend. Denn dann können wir uns nicht gegenseitig beschuldigen und die Verantwortung für unser Wohlgefühl an jemand anderen abgeben. Dann müssen wir selbst aktiv werden und Entscheidungen so treffen, dass sie Gutes bewirken – für uns und für andere.

Prinzip 4: Einvernehmlichkeit

Grundsätzlich dient euer Austausch dazu, dass ihr euch über das einigt, was ihr gemeinsam ausprobieren wollt. Ihr müsst nicht dasselbe wollen. Es reicht, wenn ihr jeweils für das formulierte Anliegen eine Lösung sucht. In der Fantasie ist alles erlaubt. Aber nicht jede Fantasie muss auch gelebt werden. Gönnt euch die Gewissheit des gegenseitigen Einvernehmens. Sprecht die Handlungen ab und einigt euch auf das, was ihr tun und nicht tun wollt. Nur weil du in einer offenen Beziehung bist, bedeutet das nicht, dass du tun und lassen kannst, was du willst. Schließlich geht es in der Liebe darum, in gute Beziehungen zu kommen. Du schadest deiner Beziehung erheblich, wenn du dauerhaft Grenzen missachtest. Wenn deine Grenzen wiederholt ignoriert werden, dann kann das ein Zeichen dafür sein, dass du nicht den richtigen Partner oder die richtige Partnerin an deiner Seite hast. Bitte nimm deine Grenzen ernst und äußere sie. Du selbst bist der Maßstab. Und euren Konsens findet ihr nur innerhalb eurer Grenzen.

Prinzip 5: Leidensbereitschaft

Du musst in der Lage sein, Situationen und unangenehme Gefühlszustände vorübergehend auszuhalten, an die Grenzen zu gehen und dort in Ruhe wahrzunehmen, was du spüren und lernen kannst. Es bedarf einer Hingabe- und auch einer gewissen Leidensbereitschaft, damit du in der Lage bist, Neues zu entdecken und Vielfalt in dein Leben einzuladen. Es fühlt sich nicht alles immer gut an, aber ihr solltet immer wieder zusammen herausfinden, was ihr für euch als positiv erlebt habt und was nicht. Verblüffenderweise ist häufig das Schwere und Schmerzhafte im Leben von Menschen rückblickend besonders beeindruckend und positiv prägend. Leidensbereitschaft brauchst du auch, um deine Eifersucht besser verstehen zu lernen. Denn Eifersucht wird dir begegnen und dann brauchst du starke Nerven, um nicht vor dem Schmerz davonzulaufen. Nur dann kann sich Schmerz in Erkenntnis, Weisheit und Güte transformieren.

Prinzip 6: Versuch und Irrtum

In der Fantasie können sich bestimmte Handlungen aufregend oder auch bedrohlich anfühlen. Aber erst, wenn du es ausprobierst, wirst du fühlen, wie du das ganz persönlich wahrnimmst. Du kommst daher nicht drum herum, etwas zu riskieren, was dir bedrohlich erscheint. Manchmal stellst du erst hinterher fest, ob etwas richtig oder falsch war. Manchmal probieren Paare etwas aus, was für einen der beiden oder sogar für beide nicht gut war. Das ist normal. Nimm es als Erfahrung. Das nächste Mal macht ihr es besser. Der Irrtum gehört zum Versuch dazu und manchmal tun Versuche weh.

Prinzip 7: Sexuelle Gesundheit

Safer Sex ist ein Muss. Leider ist dieses Thema immer noch stark tabuisiert und zu viele Menschen gehen hohe Risiken ein. Mach dir bitte bewusst: Du trägst nicht nur für dich selbst Verantwortung, sondern auch für alle deine Sexualkontakte. Sprecht über dieses Thema, lasst euch regelmäßig testen und vermeidet ungeschützten Sex. Auch Oralverkehr sollte nur mit getesteten Personen stattfinden. Es ist nicht trivial und das Risiko ist real, wenn du das Thema nicht ernst nimmst. Frage am besten gleich am Anfang eines Dates: »Du, wann war dein letzter Test und was hast du testen lassen?« Eine einfache und unschuldige Frage, die dich schützen wird. Und bevor du irgendwelche Abenteuer startest: Ab zum Arzt und lass dich selbst testen.

Häufige Fehler beim Öffnen einer Beziehung

Eine offene Beziehung klingt für viele Menschen verlockend. Und tatsächlich kann die Öffnung einer Beziehung auch nach vielen Ehejahren eine echte Bereicherung sein, vielleicht für manche Paare sogar der kreative Ausweg aus einer Sackgasse. Doch was reizvoll klingt, kann in der Praxis mächtig schiefgehen.

Ohne eine gute Verbindung der beiden Liebenden wird das Abenteuer womöglich schnell ein schmerzhaftes Ende finden oder sogar über Jahre hinweg Leid und Streit verursachen. Eine Öffnung bringt ein Paar zwangsläufig unter Druck. Deshalb sollten öffnungsneugierige Paare ihre Couple-Care durchleuchten und richtig aufstellen. Das bedeutet, dass ihr über all das sprecht, was eure Liebe einzigartig macht. Darüber, wie ihr euch selbst und gegenseitig glücklich macht. Wie ihr euch im Alltag unterstützt und begegnet und natürlich auch, wie ihr eure Konflikte löst. Erst danach könnt ihr über Öffnungsschritte sprechen. Ich empfehle, sich für diesen Prozess ausreichend Zeit einzuräumen und nicht erst damit loszulegen, wenn bereits eine andere Person im Spiel ist. Wenn ihr euch vornehmt, dass ihr eine Öffnung prüfen wollt, dann ist es essenziell, dass ihr euch für die nächsten Wochen und Monate auf einen festen Zeitpunkt in der Woche einigt, bei dem ihr über alle auftretenden Themen sprechen werdet. Bei diesen Gesprächen könnt ihr behutsam festlegen, welche Fragen für euch zu klären sind und welche konkreten Schritte ihr unternehmen wollt. Es geht um den konstanten Dialog über Ideen, Sorgen, Befürchtungen, aber auch Verlockungen im Hinblick auf euer Liebesmodell. Es gibt Fehler, die häufig in Öffnungsprozessen geschehen. Damit du weißt, worauf du aufpassen kannst, findest du im Folgenden eine Zusammenstellung der häufigsten Fehler.

Fehler 1: Zu hohes Tempo

Auch wenn es verlockend ist und das Abenteuer ruft, gebt euch unbedingt ausreichend Zeit. Ihr werdet euch mit vielen Ängsten und Unsicherheiten beschäftigen. Ihr habt die Aufgabe, euch selbst ernsthaft zu befragen und zu prüfen, was ihr wirklich ausprobieren wollt und was nicht. Das braucht Zeit und eine vorsichtige Annäherung.

Fehler 2: Zu wenig Mut

Zeig dich echt. Sprich über Tabus. Sprich über alle Gefühle, auch deine Ängste und deine Scham. Ihr braucht Authentizität, wenn ihr die Verbindung zwischen euch wahrhaftig vertiefen wollt. Wenn ihr euch nicht traut, euch zu zeigen, dann könnt ihr euch nicht sehen, wie ihr seid. Sprecht unbedingt auch darüber, in welchen Punkten ihr unterschiedlich seid.

Fehler 3: Konfliktscheue

Die Angst vor Konflikten und die Neigung, Kritisches unter den Teppich zu kehren, ist einer der folgenreichsten Fehler, den ihr machen könnt. Unerledigte Konflikte werden eure Beziehung auf Dauer stark belasten und schlimmstenfalls zerstören. Konflikte erledigen sich erst, wenn ihr sie angemessen bearbeitet habt. Andernfalls fallen sie euch früher oder später auf die Füße.

Fehler 4: Unehrlichkeit

Die Gefahr ist groß, dass du aus Sorge oder der Angst zu verletzen nicht ehrlich zu dir selbst bist. Wenn du unehrlich bist, dann werden die Lösungen, die ihr vereinbart, nicht zu dir passen. Du wirst erst finden, was dir hilft, wenn du wirklich zu dir stehst und dich ganz zeigst. Hör auf, anderen etwas vorzumachen und werde echt.

Fehler 5: Nichteinhaltung von Grenzen

Gerade wenn du selbst große Lust auf etwas hast, kann es sein, dass du die Grenzen des anderen als störend und einengend erlebst. Aber es ist fundamental, dass ihr auf eure Grenzen achtet. Habt im Kopf, dass sich Grenzen automatisch verändern und dass diese immer wieder neu gefunden werden müssen.

Fehler 6: Überforderung

Eine ehrliche Auseinandersetzung mit diesen Themen kann eine Seele herausfordern. Außerdem gibt es noch einen Alltag mit all seinen Anforderungen. Achtet daher bitte darauf, dass ihr einander nicht überfordert. Seid achtsam. Sollte es doch mal zu anstrengend sein, dann schaltet ein paar Gänge zurück.

Fehler 7: Keine klaren Vereinbarungen

Schreibt unbedingt auf, was ihr miteinander besprecht. Ein »Relationship Agreement« ist ein hilfreiches Instrument, um sich dabei selbst gut zu begleiten. Eure Regeln und Vereinbarungen dürfen sich im Laufe der Zeit ändern.

Fehler 8: Kein Safer Sex

Solltet ihr euch trauen und gemeinsam oder getrennt erste Schritte Richtung Sexdates unternehmen, dann macht vorher einen STD-Test. Dieser prüft, ob sexuell übertragbare Krankheiten vorliegen. Und ihr dürft eure Datingpartner oder -partnerinnen auch nach einem Statusbericht fragen: Wann und was wurde zuletzt getestet? Wie ist das Sexualverhalten? Redet drüber.

Fehler 9: Falsche Partnerwahl

Fischt nicht im falschen Teich. Arbeitskollegen, Arbeitskolleginnen und Menschen aus eurem Freundeskreis sind weniger gute Kandidaten. Legt euch lieber ein Profil auf einer sexpositiven Datingplattform wie beispielsweise Joyclub an. Dort findet ihr Gleichgesinnte.

Die befreite Liebe
Von der »freien Liebe« zur polyamoren Beziehung

Die »freie Liebe« als Ausdrucksform der 68er-Bewegung machte den Kern allen gesellschaftlichen Übels in der patriarchalen Kleinfamilie aus. Niemand sollte mehr über einen anderen Menschen verfügen dürfen, nicht über seinen Willen, seine Freiheit und auch nicht über seinen Körper. Die Sexualität sollte von gesellschaftlichen Zwängen befreit werden. Insofern ist die freie Liebe eine Vorform der heutigen sexpositiven Bewegung. Sie unterscheidet sich jedoch in einem wesentlichen Punkt, nämlich da, wo es um Bindung geht. Während sexuelle Freizügigkeit und Bindung in der freien Liebe als Widerspruch galt, zeigen heutige Beziehungsformen eine große Integrationskraft, indem die Liebe zu mehreren Menschen nicht zum Ende der Liebe führen soll. Wir wollen uns das jetzt etwas genauer anschauen.

Was ist Polyamorie?

Während wir es bei offenen Beziehungen meistens mit Paarbeziehungen zu tun haben, die sexuelle Kontakte zu Dritten zulassen, gehen polyamore Menschen weiter und inkludieren auch Liebe als Emotion. Polyamorie ist ein Kunstbegriff aus poly (polýs, griechisch für viel) und amorie (amare, lateinisch für Liebe). Es ist ein Sammelbegriff für Beziehungen, die nicht im klassisch monogamen Rahmen stattfinden und in denen mehrere langfristig angelegte Liebesbeziehungen gleichzeitig stattfinden können. Die wichtigste Grundlage ist, dass alles im gegenseitigen Wissen und Einvernehmen geschieht. Das heißt, alle Beteiligten wissen prinzipiell über alle bestehenden Liebesbeziehungen Bescheid und sind damit grundsätzlich einverstanden.

Polyamore Paare glauben nicht, dass sich Sexualität und Gefühl immer fein säuberlich trennen lassen. Sie erlauben daher, dass auch zu Dritten Gefühle von Verliebtheit, von zärtlicher Zuneigung, von tiefer Freundschaft und Liebe entstehen dürfen. Diese Paare erleben, dass die Liebe in den bestehenden Beziehungen nicht kleiner wird, wenn weitere Menschen dazukommen. In guten polyamoren Beziehungen erleben Paare die gleiche intensive Liebe wie monogame Paare, sie erleben jedoch zusätzlich die Freiheit, sich in anderen Verbindungen auszuprobieren, so wie es sich individuell richtig anfühlt. Das kann einen Menschen enorm beflügeln, wenn es gelingt, die Verlustängste und andere Auslöser für Eifersucht produktiv zu bearbeiten.

Polyamore Beziehungen sind auf einen längeren Zeitraum angelegt. Es sind erotische Liebesbeziehungen mit mehr als einer Person. Es handelt sich hierbei nicht um unverbindliche sexuelle Kontakte, so wie das öfter in offenen Beziehungen vorkommt. Ehrlichkeit und Transparenz sind zentrale Prinzipien, genauso wie Gleichberechtigung, Konsens und Einvernehmlichkeit. Auch Grenzen werden besprochen und eingehalten.

Polyamore Beziehungen organisieren sich häufig in Haupt- und Nebenbeziehungen im Sinne von Primär- und Sekundärpartnerschaften. Wenn das so ist, dann können zwar mehrere Liebesbeziehungen existieren, aber es besteht trotzdem eine klare Hierarchie unter den Beziehungen. Im

Zweifel ist für diese Menschen klar geregelt, wo der Schwerpunkt der Loyalität liegt, sollten die Bedürfnisse ernsthaft in Konflikt geraten.

So kann das zum Beispiel aussehen: Sara und Markus haben Kinder zusammen. Pia ist Markus' Freundin. Die beiden sehen sich alle zwei bis drei Wochen und übernachten dann beieinander. Sara hat hin und wieder One-Night-Stands, aber keine feste Beziehung zu jemand anderem. Sara und Markus bilden die Hauptbeziehung und würden dieser im Zweifel Vorrang einräumen. Pia fällt es manchmal schwer, dass sie an hinterer Stelle steht, aber sie akzeptiert, dass Markus den Kindern und Sara Vorrang einräumt. Das findet sie sogar gut. Für sie ist wichtig, dass sie immer wieder Momente mit Markus erlebt, in denen sie ihre einzigartige Bedeutung für ihn fühlt.

Einen Schritt weiter gehen Paare dann, wenn sie auch noch diese Ordnung abschaffen und gleichberechtigte Beziehungen nebeneinander führen. Der Begriff der *Beziehungsanarchie* treibt dies auf die Spitze: Keine Beziehung sollte in irgendeine Schublade passen müssen. Jede Beziehung sollte die einzigartige Beziehung sein, die sie aus sich heraus werden will.

So kann das beispielsweise aussehen: Tom ist mit Michelle zusammen und mit Silke. Silke liebt außerdem Matthias. Alle vier mögen sich gerne. Sie wohnen in einem Wohnprojekt in Berlin. Es gibt keine Unterscheidung, wer zu wem »fester« gehört. Das Leben der vier verläuft eher in Phasen, in denen es mal mehr, mal weniger Nähe und gemeinsam verbrachte Zeit gibt. Natürlich mit allen Konflikten, Eifersucht und manchmal auch schmerzhaftem Verzicht, aber auch viel Wertschätzung und gegenseitigem Respekt. »Wir fühlen so, als wären wir eine Familie. Wenn es jemandem schlecht geht, geht uns das alle an«, sagt Tom. Prinzipiell passt dieses Modell gerade für alle. Michelle hat allerdings Sorge, wie es wird, wenn sie Kinder bekommen, was sie unbedingt mit Tom möchte. Irgendwie wünscht sie sich, dass es dann mehr Fokus, mehr Zeit und Energie für ihre Zweierbeziehung gibt. Tom versteht das. Gleichzeitig weiß er nicht, wie das aussehen wird. Es bleibt ein offener Prozess.

Ob nun hierarchisch oder nicht, polyamore Beziehungen lassen sich am besten in *Beziehungsnetzwerken* beschreiben – oder als Polykül. Dieses Kunstwort ist abgeleitet von Molekül, weil sich die einzelnen Beteiligten wie Punkte in lange Ketten miteinander verzahnen können. Es gibt das V, bei dem eine Person zwei Beziehungen führt. Das Dreieck, bei dem drei Personen jeweils mit den beiden anderen eine Beziehung haben. Das W bildet eine Kette von 5 Personen ab, die alle jeweils mit ein oder zwei Personen aus der Kette verbunden sind. Darüber hinaus sind alle möglichen Formen vorstellbar bis hin zu einer nicht enden wollenden Polykül-Kette, bei der alle Menschen durch Liebesbezüge verbunden sind.

Der Abstimmungs- und Kommunikationsbedarf ist bei allen polyamoren Beziehungen viel größer als bei monogamen Paaren. Das ist mühsam und zeitaufwendig, hat aber den Vorteil, dass sich die Beteiligten auf einer tiefen Ebene kennen und verstehen lernen, und genau das ist der Grund, warum polyamore Beziehungen durchaus von langer Dauer und großer Stabilität sein können.

Zuletzt sei noch erwähnt, dass es auch Mischformen, sogenannte Poly-Mono-Beziehungen, gibt. Es kommt vor, dass ein Partner oder eine Partnerin monogam fühlt und lebt und der andere Liebesverbindungen mit weiteren Personen hat. Polyamor ist das allerdings nur, wenn darüber Einvernehmen hergestellt wird. Polyamorie erfordert ein hohes Maß an Zeiteinsatz, Engagement, Konfliktfähigkeit, Kommunikation und emotionaler Kompetenz. Auch braucht es die Fähigkeit, Schmerzen und existenzielles Alleinsein ertragen zu können und Wege zu finden, sich selbst zu stabilisieren und liebevoll zu nähren.

In der Realität sind Menschen in polyamoren Kontexten genauso überfordert wie in monogamen Beziehungsdramen. Kaum jemand bringt die oben beschriebenen Voraussetzungen schon mit, wenn er eine polyamore Beziehung beginnt. Es ist ein Wagnis und ein mühevoller Weg, der menschliche Reife, Güte und Großzügigkeit verlangt.

Genauso wie in der Monogamie gibt es gut funktionierende Beispiele und dysfunktionale Beziehungen, die den Beteiligten eher Schaden zufügen als Glück verschaffen. Es geht immer um die Frage, wie Beziehungen tatsächlich ausgestaltet werden und welche Muster sich darin abspielen. Nur weil sich eine Lebensform polyamor nennt, heißt das nicht, dass darin besonders viel Liebe stattfindet. Eine polyamore Beziehung kann verletzen, wenn die Machtpositionen der einzelnen zu stark abweichen, wenn Grenzen missachtet werden, psychischer Druck ausgeübt wird oder es Manipulationen gibt.

Wer Polyamorie anstrebt, um möglichst frei – ungebunden – zu sein, der verfehlt den Kern der Polyamorie. Denn dieser Kern besteht aus Bindung. Für polyamore Menschen haben Bindung, Zuverlässigkeit und Loyalität zu den Liebesmenschen oft die größte Bedeutung. Freiheit entsteht nur im gemeinsamen und gegenseitig respektvollen Aushandlungsprozess. Insofern gilt im Besonderen, was für jede Liebe gilt: Polyamore Liebe macht Arbeit. Sie erfordert ein Höchstmaß an Einsatz und Bekenntnis zueinander. Auch vor Eifersucht ist man nicht gefeit – ganz im Gegenteil.

Strategien im Umgang mit Eifersucht

»Eifersucht ist eine Leidenschaft, die mit Eifer sucht, was Leiden schafft.« Treffender als dieses alte Sprichwort lässt sich Eifersucht kaum beschreiben. Wer eifersüchtig ist, kann sich oft auf keinen anderen Gedanken einlassen. Er sucht mit Eifer. Und er findet quälende Gedanken, Bilder, Werturteile, die ihm schmerzliche Gefühle verursachen. Gefühle, die Leiden schaffen.

Eifersucht ist ein scheußliches Gefühl. Wobei es sich gar nicht um ein bestimmtes Gefühl handelt, eher um eine Stimmung oder Gefühlslage, aus der heraus sich der eifersüchtige Mensch mit allen möglichen negativen Gefühlen konfrontiert sieht. Manche Menschen erleben in ihrer Eifersucht Wut und Ärger, andere werden traurig, niedergeschlagen und fühlen sich einsam, wieder andere fühlen sich als Versager oder Versagerin und zweifeln an sich selbst. Jeder Mensch hat seine eigene Mischung aus schwierigen Gefühlen, die zu seiner Eifersucht gehören.

Kein Wunder, dass Eifersucht nervt. Sowohl unsere eigene als auch die unserer Partner oder Partnerinnen. Sie kann unser Wohlbefinden erheblich stören und gehört zu den Dingen, gegen die man gerne immun wäre. Wir wollen Eifersucht nicht haben – aber wir können sie nicht abschaffen. Egal, wie sehr wir uns gegen sie sträuben. Egal, in welchem Beziehungsmodell Paare leben: Alle haben mit Eifersucht zu tun und müssen einen Weg finden, damit umzugehen.

Manche Vertreter von offenen Liebesmodellen schlagen vor, die Eifersucht in »Mitfreude« umzuwandeln, einem Zustand, in dem ich mich für meinen Partner oder meine Partnerin freue, dass er oder sie etwas Schönes erlebt. Auch Polyamore wollen Eifersucht abschaffen, indem sie in Freude transformiert werden soll. Wenn du das kannst: Herzlichen Glückwunsch! Aber ich bin weder Buddha noch Jesus, ich kann beim besten Willen keine »Mitfreude« fühlen, wenn ich tief in meiner Eifersucht stecke.

Statt einen Weg zu suchen, wie wir die Eifersucht loswerden, sollten wir zuallererst die Illusion verabschieden, dass wir diese Sorte von Gefühlen abstellen können. Gefühle gibt es nur im Gesamtpaket. Wer die ekstatischen Glücksgefühle der Liebe erleben will, der muss auch die Angst wahrnehmen, sie zu verlieren.

Mein erster Rat im Umgang mit Eifersucht lautet daher: Akzeptiere sie. Hör auf, sie zu bekämpfen. Wende dich ihr zu und entdecke in der trüben Suppe deiner Stimmung die Vielfalt deiner negativen Gedanken und Gefühle. Sie sind Teil von dir, so wie auch das Schöne und Helle dazugehört. Statt von Mitfreude zu träumen, schlage ich vor: Eifersucht darf da sein. Wenn ich die Eifersucht akzeptiere, dann kann ich anfangen, sie in ihren Umrissen schärfer zu erkennen. Ich kann die Gefühle einzeln benennen und die Gedanken und Annahmen finden, die mich in meine negativen Gefühle hineinziehen. Ich kann den Schmerz beschreiben, den ich habe, weil ich Angst habe, eine diffuse Bedrohung fühle oder weil ich selbst schlecht zu mir rede.

Die zweite wichtige Regel im Umgang mit Eifersucht: Wer eifersüchtig ist, der braucht liebevolle und verständnisvolle Mitmenschen, die für einen da sind und einem Mut zusprechen. Statt für diese Gefühle abgelehnt zu werden, braucht der eifersüchtige Mensch Trost und Halt. Er muss spüren, hören, sehen und fühlen, dass er geliebt wird. Wer eifersüchtig ist, gehört auf den roten Teppich.

Das heißt nicht, dass wir einander schonen und uns nicht mit schwierigen Anliegen konfrontieren sollen. Ganz im Gegenteil. Aber wenn uns das gemeinsame Miteinander in schwierige Gefühle treibt, aus denen wir gerade keinen Ausweg finden, dann brauchen wir Unterstützung. Wenn uns das Gefühl abhandengekommen ist, dass wir liebenswert sind, brauchen wir umso mehr Liebe. Wenn ich mich gut aufgehoben fühle mit meiner Eifersucht, wenn mein Partner oder meine Partnerin Anteil nimmt an meinem Leid, an meinem Kummer, an meiner Angst, dann kann ich diese Gefühle leichter da sein lassen. Ich kann sie mit mehr Ruhe betrachten. Ich kann sie aushalten. Und ich werde – wenn ich hinschaue – wertvolle Dinge über mich selbst erfahren.

Gerade in der Eifersucht liegt ein großer Schatz, den ich zur Selbsterkenntnis nutzen kann. Wie traurig wäre es, diese Flaschenpost nicht aus dem Wasser zu fischen?

Eifersucht erzählt dir alles über die Wunden deines Lebens. Und da diese Wunden in Beziehungen entstanden sind, sind Beziehungen auch der kraftvollste Ort für Heilung. Nein, Eifersucht ist nicht schön. Aber wenn du deine Liebesfähigkeit verbessern willst, dann ist Eifersucht ein Geschenk. Wenn du es irgendwann schaffst und ein kleines Stück Mitfreude erlebst, dann ist das die Kirsche auf der Sahne. Aber die Sahne schmeckt auch ohne die Kirsche – vor allem mit dem Eis darunter.

Solange du deine Eifersucht oder die deines Partners oder deiner Partnerin ertragen musst, könntest du verschiede Strategien ausprobieren und herausfinden, was dir dabei hilft, besser damit zurechtzukommen.

Strategie 1: Eingestehen, dass du eifersüchtig bist

Du sagst einfach: Ja, es ist so. Ich fühle mich eifersüchtig. Ich darf eifersüchtig sein. Das ist kein Zeichen von Schwäche. Es macht mich auch nicht unattraktiv. Es zeigt lediglich, dass ich ein normaler Mensch bin. Du musst deine Eifersucht nicht bekämpfen. Du kannst stattdessen entscheiden, dass du dich deiner Eifersucht bewusst aussetzen willst. Statt deinen Gedanken nachzujagen, entscheidest du dich dafür, innezuhalten und Raum zu geben, damit du deine Eifersucht klarer und deutlicher wahrnehmen kannst.

Strategie 2: Den Forscherblick einschalten

Entscheide dich für eine neugierige und wissbegierige Haltung dir selbst gegenüber. Deine Eifersucht gibt dir unzählige wertvolle Informationen über dich, deine Geschichte, deine Werte, deine Wünsche und Träume. Halte inne und schau ganz genau hin: Welche Gefühle fühlst du in deiner Eifersucht? Woran erinnern dich diese Empfindungen? Wann hast du in deinem Leben schon einmal so gefühlt? Welche Gedanken hast du während deiner Eifersucht? Was sind deine Befürchtungen und Erwartungen? Wenn du Eifersucht als Zugang zu deinen alten Verletzungen verstehst, dann ist sie die Brücke zu verletzten Anteilen in dir – also auch die Brücke zu deinem inneren Kind.

Strategie 3: Das Gespräch suchen

Da jede Eifersucht unzählige Facetten hat und jedes einzelne Gefühl dazu vielschichtige Bedeutungen in sich trägt, kannst du gar nicht oft genug darüber sprechen. Je mehr Menschen du hast, mit denen du dich dazu austauschen kannst, desto besser. Rede mit deinem Partner, deiner Partnerin, deinen Freunden, deiner Familie, und tu das mehrfach und regelmäßig. Überall da, wo du auf offene Ohren triffst, erzähl von dir und lass dir erzählen, wie andere Eifersucht empfinden und welche Strategien sie jeweils schon kennen und nutzen.

Strategie 4: Ablenkung organisieren

Du bist nicht gezwungen, dich permanent mit den Auslösern für deine Eifersucht zu belasten. Du darfst dich auch aktiv davon ablenken. Wenn dein Partner oder deine Partnerin gerade ein Date hat und du dich schlecht ablenken kannst, dann halte deinen Kopf beschäftigt. Suche dir etwas aus, das dich fasziniert und begeistert, und wende dich mit all deiner Aufmerksamkeit diesen Dingen zu. Das können Tätigkeiten sein, aber auch bestimmte Menschen, mit denen du Zeit verbringst. Manchmal helfen auch Bilder, die in deinem Kopf entstehen. Zum Beispiel eine Blumenwiese. Stell dir vor, du wärst eine wunderschöne Blume auf einer leeren Wiese. Ganz schön einsam für die schöne Blume. Diese Blumenwiese wird erst bunt dadurch, dass viele andere Blumen neben dir stehen. Alle sind schön. Aber keine ist wie du. Ihr seid alle einzigartig. Und zusammen erst macht ihr die Wiese zur Blumenwiese.

Strategie 5: Liebesgeschenke annehmen

Kennst du das Phänomen, dass du gerade in deiner Eifersucht die Liebesbekundungen des anderen zurückweist, weil du dich entweder zu stolz fühlst oder weil du sie in dieser Situation nicht mehr willst? Weil sie für dich dadurch entwertet sind, dass auch eine andere Person liebevolle Zuwendung bekommen hat? Wenn du das kennst, dann mach dir klar: Liebevolle Zuwendung steht dir zu. Du darfst entscheiden, dass du Liebesgeschenke annehmen willst. Und du darfst sogar sagen, welche speziellen Liebesgeschenke du bekommen willst. Du darfst konkret sagen: »Ich wünsche mir, dass du mir Kaffee machst, dass du mir den Kopf streichelst, dass du mir sagst, was du an mir besonders schätzt.« Beschreibe, wie du dich auf deinem roten Teppich fühlen willst und dann lass dich verwöhnen.

Strategie 6: Selbstliebe praktizieren

Die vielleicht wertvollste Lektion deiner Eifersucht ist die Selbstliebe. Denn davon brauchst du viel, wenn du dir selbst in deinem Leid gut beistehen willst. Es geht darum, dass du selbst liebevoll zu dir sprichst, dass du dir keinen negativen Blödsinn erzählst, sondern dass du dir kompetent und fürsorglich Mut zusprichst, wenn es dir schlecht geht. Suche ganz gezielt nach Sätzen, nach Aktivitäten und nach einer inneren Haltung, die dir gegenüber liebevoll und beschützend sind. Gestalte dir selbst deinen roten Teppich und schaffe dir ein großes Repertoire an Selbstliebe-Tätigkeiten. Schreibe 50 Handlungen, die dir guttun, auf eine Liste. Und wenn du das nächste Mal nicht weißt, was dir hilft, dann schau auf deiner Liste nach und wähle eine davon.

Strategie 7: Volle Transparenz herstellen

Manche Paare begegnen ihrer Eifersucht mit der Vereinbarung nach absoluter Transparenz und radikaler Ehrlichkeit. Das ist dann eine gute Sache, wenn du ein großes Kontrollbedürfnis hast und wenn es dir hilft, möglichst nah an den Prozessen des anderen dran zu sein. Diese Strategie hat aber auch einen Nachteil. Absolute Transparenz bedeutet nämlich, dass ihr euch gegenseitig auch alles Schmerzliche zumutet und dass ihr viel Zeit mit Emotionsregulation verbringen werdet. Volle Transparenz ist eine Strategie für besonders intensive Prozesse und kann euch in eurem Persönlichkeitsentwicklungsprozess weiterbringen.

Strategie 8: Kontrolle abgeben

Es ist aber genauso legitim, nicht alles wissen zu wollen. Du musst nicht jedes Bild und jedes Wissen haben, wenn du weißt, dass es dich anstrengt. Es kommt auch auf deine eigene Verfassung an. Vielleicht willst du mal mehr wissen, mal weniger. Wichtig finde ich, dass du selbst entscheidest, wie viel du vom anderen wissen möchtest. Ihr solltet vereinbaren, dass ihr auf Fragen immer ehrlich antwortet. So habt ihr es beide in der Hand, die Intensität des Austausches zu regulieren. Statt Kontrolle zu suchen, darfst du auch Vertrauen wählen. Wenn du entscheidest, dass du darauf vertraust, dass ihr beide mit allen Prozessen und Gefühlen einen guten Umgang finden werdet, kannst du dein Bedürfnis nach Regulation abbauen und dich für eine entspannte Haltung entscheiden.

Strategie 9: Das Gute daran entdecken

Äußerst hilfreich ist die Frage: What's in it for me? Was ist drin für mich? Gerade dann, wenn es dir schwerfällt, deinen Partner oder deine Partnerin loszulassen und ihm oder ihr Erlebnisse außerhalb eures Raumes zu gönnen, frage dich: Welche Freiheiten und welche Vorteile bringt mir das? Was soll sich Positives für mich aus der Sache ergeben? Und wenn du spürst, dass es da einen Wunsch in dir gibt, dann benenne diesen Wunsch. Warte nicht darauf, dass das Gute von selbst geschieht, sondern bring deine Ideen ein und richte deinen Blick immer wieder auf positive Veränderungen und Potenziale. Wenn du selbst emotional zufrieden bist, dann darfst du dich an deinem Glück erfreuen.

Strategie 10: Ehrenvolle Eifersucht praktizieren

Eifersucht ist ein ehrenvolles Gefühl, weil sie dich darauf aufmerksam macht, dass du sowohl im Hinblick auf dich und deine Gefühle als auch im Hinblick auf deine Beziehung aktiv werden darfst. Weil da viel Wichtiges ist, was nach deiner Aufmerksamkeit ruft. Es geht hier schließlich nicht um wenig. Es geht um deine Liebe und dein Lebensglück. Ich halte Eifersucht für eine der wertvollsten Quellen für Selbsterkenntnis und Orientierung. Ich empfehle dir: Heiße deine Eifersucht willkommen. Nimm die Gefühlsvielfalt und auch die Tiefe darin wahr, die Möglichkeiten für ein intensives und einzigartiges Lebensgefühl. Und gib dir selbst die Erlaubnis, selbstbewusst zu leiden. Das klingt womöglich seltsam, aber wer das Leid nicht fürchtet, der kann Schönheit im Schmerz entdecken und als ganzer Mensch den vollen Reichtum der Liebe erleben.

Innere Freiheit als Schlüssel in der Liebe

Die vielleicht wichtigste Grundvoraussetzung für polyamore Beziehungsmodelle ist die für alle Beteiligten gleichermaßen gebotene Freiheit, sich in liebevollen Verbindungen mit anderen zu fühlen. Es ist die Freiheit, die eigenen Wünsche wahrzunehmen und auszudrücken. Die Freiheit, die eigenen Grenzen zu definieren, Ja zu sagen, aber auch Nein. Und es ist die Freiheit, Liebe so zu geben und zu leben, wie es sich stimmig und richtig anfühlt.

Wie du vielleicht richtig erkannt hast: Polyamore Beziehungen verlangen nach Arbeit. Alte und bekannte Orientierungsmaßstäbe fallen weg und die Beteiligten müssen wieder und wieder ihre eigenen Antworten finden und mit anderen abgleichen. Insofern ist Freiheit auch Last und Verpflichtung. Es ist eine Freiheit, die beides will: Bindung und Verlässlichkeit einerseits und Autonomie und Eigenständigkeit andererseits. Es ist die Verpflichtung, darin immer wieder einen für alle tragfähigen Kompromiss zu suchen.

Freiheit ist die Erfahrung, dass du dich als Mensch mit deinen Stärken und Schwächen zeigen und angenommen fühlen darfst, auch wenn du nicht immer alles bekommst, was du dir wünschst. Freiheit ist, wenn du der Mensch sein darfst, der du bist. Dann bist du frei. Frei von Vorwürfen, frei von Verurteilung, frei, dich tief zu verbinden, frei, dich zu lösen, frei, dich einzubringen mit all deinen Gaben und

Talenten. Freiheit ist nicht die Erfüllung all deiner Träume, denn diese scheitern womöglich an den Grenzen der anderen. Insofern ist Freiheit immer ein Prozess zwischen mehreren Menschen.

Die Freiheit in der Liebe birgt Risiken: das Risiko, einander zu verletzen oder den anderen zu verlieren. Du kannst nicht beeinflussen, ob sich die Gefühle deines Gegenübers verändern oder ob es immer wieder ein Ja zu eurer Verbindung geben wird. Doch nur, wenn du die Wahl hast, ist dein Ja von wahrer Bedeutung. Wenn du Wahrhaftigkeit willst, dann musst du bereit sein, auch eine andere Entscheidung zu akzeptieren als jene, die du dir wünschst.

Und das führt mich zu einer weiteren Konsequenz der Freiheit. Frei bist du dann, wenn du in der Lage bist, auch den Verlust von Liebe zu tragen und verarbeiten. Und das kannst du, je mehr du in deiner Beziehung zu dir selbst gefestigt bist. Wenn eine tiefe Liebe zu dir selbst gewachsen ist, dann bist du nicht abhängig von einer einzigen bestimmten Person. Du kannst dich im Grunde mit jedem Menschen neu verbinden und du findest jeden Halt, den du brauchst, in dir selbst.

Wir sind keine Inseln. Wir brauchen die anderen. Aber wir brauchen nicht den einen einzigen anderen. Natürlich ist es wunderschön, wenn eine Liebe lange hält und gedeiht, aber selbst, wenn eine Beziehung endet, dann bleibt die Erfahrung der Liebe in dir lebendig, wenn du sie lebendig und in Ehren hältst. Menschen dürfen sich trennen, auch wenn sie einander lieben. Und Liebe hält nur, wenn du sie hin und wieder riskierst.

Stell dir mal vor, du wärst mit dir selbst aus tiefstem Herzen zufrieden. Stell dir vor, du könntest gut dafür sorgen, dass du deine Bedürfnisse mit dir allein und mit anderen befriedigen kannst. Dass du dich verbunden und aufgehoben fühlen kannst und gleichzeitig deine ganz eigenen Wege gehen kannst, auf deinem Weg Abenteuer und Wunder ganz nach deinem Geschmack erlebst. Wenn du diese Art Selbstfürsorge lebst, dann bist du in vieler Hinsicht frei. Du kannst wählen, was du tun und erleben willst, wie du lieben willst und wie du geliebt werden willst. Du kannst intuitiv deinen Wahrnehmungen folgen und situativ entscheiden, was zu dir passt.

Wie wäre das? Ist das für dich unvorstellbar oder beängstigend? Oder findest du die Vorstellung attraktiv? Diese Fähigkeit zur Selbstfürsorge ist die wichtigste Voraussetzung für Glück in Partnerschaften – egal nach welchem Beziehungsprogramm. Und sie ist eben auch Grundbedingung dafür, dass Beziehungen offen und polyamor glücklich werden können.

Freiheit ist die Erfahrung, dass du mit anderen zusammen der Mensch sein kannst, der du bist. Freiheit fühlst du dann, wenn du dir selbst inneren Frieden gibst. Wenn du nicht damit beschäftigt bist, dauernd zu überlegen, was du falsch gemacht haben könntest. Freiheit gibst du dir dann, wenn du dir immer wieder sagst: »Ja, ich bin ein wertvoller Mensch. Und zwar unabhängig davon, ob ich gerade erfolgreich bin im Leben oder im Beruf, ob ich einen Partner oder eine Partnerin habe, der oder die mich so versteht, wie ich mir das wünsche, oder ob ich gerade zu wenig Verbindungen habe.« Freiheit gibst du dir dann, wenn du denkst und fühlst: »Ich bin ganz. Und ich bin wertvoll, weil ich da bin. Mit all meinen Schattenseiten und mit all meinen Sonnenseiten. Ich will mich so wie ich bin fühlen, meine Potenziale entdecken und entfalten.«

Risiken der Polyamorie

Das beschriebene Freiheitsideal mag schön klingen, aber in der Realität entwickeln sich Menschen häufig nicht zu diesen selbstbewussten und selbstliebesfähigen Wesen. Die meisten Menschen klammern sich an die jeweilige Liebesperson und an all ihre einschränkenden Glaubenssätze und Vorstellungen über die Liebe. Das sind keine guten Voraussetzungen für die Erprobung neuer Liebesmodelle.

Kaum jemand bringt die emotionale Reife und Liebeskompetenz mit, die eine polyamore Beziehung braucht. Die Risiken einer Öffnung werden gerne unterschätzt. Du wirst vielleicht sagen, dass eine monogame Beziehung auch Risiken hat und das Leben insgesamt sowieso. Und wie Erich Kästner so treffend schrieb: »Seien wir ehrlich: Leben ist immer lebensgefährlich!« Wie könnte ich dir oder Erich Kästner da widersprechen? Alles hat Nachteile. Aber wenn du im polyamoren Kontext Erfahrungen sammeln willst oder das sogar schon tust, dann mach dich bereits im Vorfeld mit möglichen Fallen vertraut. Du wirst vermutlich trotzdem hineinfallen. Und dann erinnerst du dich an mich und denkst: »Ach klar, da war ja was. Jetzt bin ich selbst reingefallen. Macht nichts. Rausklettern und beim nächsten Mal besser umschiffen.« Bist du bereit für die großen Fallen der Polyamorie? Dann lass uns loslegen.

Falle 1: Dogmatismus »Polyamorie ist die einzig wahre Liebesform«

Polyamorie als Ideologie ist gefährlich. Denn das bedeutet, dass von dir erwartet werden kann, dass du dein individuelles Empfinden unter die Idee unterordnen sollst, dass mehrere Lieben jetzt erlaubt sein *müssen.* Insbesondere dann, wenn du einmal Ja dazu gesagt hast. Es bleibt wenig Spielraum für eigene Bewertung und Entscheidung, wenn die Idee wichtiger wird als die konkrete Person. Lass dir niemals erzählen, dass Polyamorie die beste Liebesform ist. Prüfe für dich, was sich stimmig anfühlt und was du willst und nicht willst. Das kann mal so sein und mal anders. Du musst nicht immer Ja sagen, nur weil du einmal Ja gesagt hat. Im Zweifel folge lieber deinem Gefühl als einem Ideal.

Falle 2: Egoismus »Mir steht zu, dass ich zwei Menschen liebe«

Wer oder was kommt an erster Stelle? Ist es deine Bedürfnisbefriedigung oder ist es das Wohlergehen all der Menschen, mit denen du verbunden bist? Bedeutet Liebe für dich, dass du gibst, oder nimmst du dir, was du möchtest? Ja, in der Polyamorie müssen wir einander manches zumuten. Aber bitte schau ganz genau hin, welches Maß an Zumutungen vertretbar ist. Wenn du dich in deine Liebespartner oder Liebespartnerinnen einfühlst, dann wirst du mitfühlen, wenn die Schmerzen zu groß oder unproduktiv sind, und dann wirst du im Zweifel auch verzichten.

Falle 3: Überforderung »Es geht mir nicht gut, ich bin nur noch gestresst«

Polyamore Lebensmodelle fordern viel Kraft und Zeit von dir, um dich selbst zu entwickeln, an deiner Kommunikation zu arbeiten, Gefühle zu bewältigen, kreative Lösungen zu suchen, neue Antworten zu finden, Experimente durchzuführen und auszuwerten. Du brauchst viel Zeit für deine eigene Self-Care. Und dann ist da noch ein volles Leben um dich herum. Deine Aufgaben und Verpflichtungen. Vielleicht hast du Kinder oder kümmerst dich um deine Eltern. Du hast deine Arbeit und dein soziales Netzwerk. Polyamorie macht das Leben kompliziert und kann einen an den Rand der Erschöpfung bringen. Wenn das so ist, könnte es sein, dass ein monogames Modell gerade besser zu den Anforderungen deines Lebens passt.

Falle 4: Selbstkasteiung »Ich kann doch jetzt nicht Nein sagen«

Doch, du kannst, und du sollst sogar. Und zwar immer dann, wenn du eine Grenzüberschreitung bemerkst. Häufig fühlen sich Menschen den Partnern ihrer Partner besonders verpflichtet. Du gibst deine Zeit mit deinem Partner oder deiner Partnerin her, damit er seine Freundin oder sie ihren Freund treffen kann. Das gibst du, wenn du es willst und es tragen kannst. Aber nichts und niemand verpflichtet dich dazu. Wenn deine Grenze erreicht ist, sage »Stopp« und akzeptiere keine Belastung, die für dich schädlich ist.

Falle 5: Zerrissenheit »Beide brauchen mich, was soll ich tun?«

Wenn du mehrere Menschen liebst, dann möchtest du auch für mehrere Menschen ansprechbar sein und emotional für diese Menschen da sein, wenn sie dich brauchen. Das fordert unglaublich viel von dir und es wird Situationen geben, in denen du es nicht allen recht machen kannst. Du wirst wählen müssen, wem du deine Zeit und Kraft schenkst – und wem nicht. Du wirst dich mit einem schlechten Gewissen plagen und du wirst dich zerrissen fühlen. Du wirst womöglich dein eigenes Wohlergehen ganz hintenanstellen. Zu viele Ansprüche aus mehreren Liebesverbindungen können dich innerlich zerreißen. Daher prüfe unbedingt, wie viel Liebesarbeit du leisten willst und kannst, bevor du dich bindest.

Falle 6: Problemverschiebung »Mit dem anderen ist es schöner«

Gerade neue Beziehungen sind wunderschön und geben Energie, die sogenannte NRE – New Relationship Energy.

Da kann eine altgediehene Liebe hingegen blass aussehen. Für die bereits bestehenden Beziehungen kann es eine erhebliche Belastung sein, wenn Freude, Lachen und Leichtigkeit plötzlich von einem anderen Menschen ausgehen. Die alten Konflikte nerven und es kann so verlockend sein, sich dem Neuen und Reizvollen hinzugeben. Mein Tipp: Sorge besonders dann für viel Kontakt und Leichtigkeit mit deinem bereits bestehenden Partner oder deiner Partnerin und klärt eure Konflikte.

Falle 7: Konfliktunfähigkeit »Das musst du mit dir selbst ausmachen«

Wenn du Angst vor Konflikten hast, dann ist Polyamorie keine gute Idee für dich. Denn Konflikte werden kommen. Wenn du Konflikte dadurch löst, dass du schweigst oder wegschaust oder ohne Ende redest, aber nicht wirklich kommunizierst, dann wird die Beziehung enden. Ungelöste Konflikte setzen euer Beziehungshaus in Nullkommanichts in Brand. Polyamorie ist wie ein Brandbeschleuniger. Schlimm ist das dann, wenn du zu lange zu vieles aushältst, was nicht gut für dich ist. Also geh in den Konflikt. Schau, ob ihr Lösungen für eure widerstreitenden Bedürfnisse findet. Und wenn nicht, dann grenze dich ab und verlasse notfalls auch die Beziehung. Trennungskompetenz gehört zu einer robusten Konfliktfähigkeit.

Auch im Rahmen polyamorer Liebe gibt es problematische Beziehungsgeflechte, bei denen nicht das Wohl aller im Mittelpunkt steht – wenn es zum Beispiel unterschiedliche Abhängigkeitsgrade gibt, die zur Manipulation eingesetzt werden. Nach dem Motto: Wenn du meinem Wunsch nicht zustimmst, dann trenne ich mich von dir. Ein solches Vorgehen ist nicht liebevoll und schädigt eure Verbindung.

Ich will bei aller Euphorie über neue Freiheiten noch

einmal zur Sicherheit klarstellen: Freiheit ist mühsam. Freiheit erfordert ein hohes Maß an Verantwortungsbereitschaft und den Willen, sich selbst und alle Beteiligten wahrzunehmen und gemeinsam nach Lösungen für alle zu suchen. Polyamorie ist nicht der Freifahrtschein in dein Egotum, sondern ein ernsthafter Weg, als Mensch zu reifen und qualitativ hochwertige Beziehungen zu führen.

Die gelingende Liebe

Erschaffe eine Liebe, die so einzigartig ist wie du!

Wir sind nun fast am Ende dieses Buches angelangt. Und du hast sicherlich inzwischen verstanden, worum es mir geht. Ich plädiere nicht für ein bestimmtes Liebeskonzept, ich plädiere dafür, dass du eine Wahl hast. Und diese Wahl hast du erst, wenn du weißt, was du wollen könntest. Jede Beziehung ist einmalig, also warum sollten alle nach demselben Modell funktionieren? Ich selbst suche in meiner seit 2004 bestehenden Liebesbeziehung nach einem Weg, das Beste aus beiden Welten für uns zu verbinden. Das ist keineswegs einfach, aber immer voller Leben.

Katja und Martin sind für mich deshalb ein so beeindruckendes Beispiel, weil sie aus einer konventionellen und klassischen Ehe kommen. Der Betrug war der schreckliche und äußert schmerzhafte Anstoß für einen Weg der Veränderung. Die beiden sind nicht zurück in ihr Haus gezogen. Sie haben sich drei Jahre nach der Krise zwei kleine Wohnungen im selben Haus gekauft. Sie verbringen viel Zeit miteinander – und doch hat jeder auch sein eigenes Leben. Von außen wirken die beiden wir ein monogames Paar und in vielerlei Hinsicht verhalten sie sich auch so. Aber wer sie gut kennt, der weiß, dass sie sich gegenseitig erotische Abenteuer organisieren, sie waren schon in Swinger-Clubs und haben erstaunt festgestellt, wie viele Menschen es gibt, die sich auf den gleichen Weg aufgemacht haben. »Das war mir überhaupt nicht bewusst, wie sehr ich mich in meiner Welt eingesperrt hatte«, sagt Katja und Martin findet: »Ich habe echt verstanden, dass wir uns einander zeigen müssen. Dann kann was passieren.«

Aber es sind auch Narben entstanden. »Es kommt manchmal so über mich, dann habe ich plötzlich Angst, dass Martin mich hintergeht. Das blinde Vertrauen von früher habe ich nicht mehr. Ich war ja überzeugt, dass Martin mir niemals wehtun würde. Das war ein Schock. Aber auch ein heilsamer Schock. Ich verlasse mich heute viel mehr auf mein Bauchgefühl.«

Es gibt immer noch wunde Punkte. Und die Verletzungen prägen bis heute die Vereinbarungen der beiden. Es gibt keine Dates ohne vorherige Absprache und es gibt immer ein Vetorecht. Tanja spielt keine Rolle mehr im Leben der beiden. Sie ist weitergezogen. Das ist typisch für solche Fälle. Ein Betrug kann dazu führen, dass das Paar sich in ein neues Beziehungsmodell hinein entwickelt. Aber die Person, die mit der Verletzung verbunden ist, ist in den seltensten Fällen noch beteiligt. Trotzdem denkt Martin noch an Tanja. Und manchmal weint er auch. Weil es schön war mit ihr. Er verdankt ihr ein oder zwei wunderbare Perlen für die Schatzkiste seiner Erinnerungen. Und darauf kommt es doch an. Dass wir unsere Schatzkisten reich und bunt füllen mit wunderbaren Erinnerungen, auch wenn diese manchmal wehtun.

Was können monogame Paare aus der Polyamorie lernen?

Die vielleicht wichtigste Erkenntnis für monogame Paare ist die Einsicht, dass Liebe keinen naturgegebenen, festen Rahmen hat. Die Monogamie ist eine mögliche Variante und hat in sich schon zahllose Facetten und Spielarten. Niemand von uns hat alle möglichen Beziehungsmodelle vor dem Beginn einer Beziehung abgewogen und ist dann zu dem Schluss gekommen, dass die Monogamie das beste Modell ist. Wir haben im Laufe des Lebens gelernt, dass Liebe so funktioniert. Und das bedeutet, dass wir jederzeit die Möglichkeit haben, unsere Gefühle zu ergründen und unsere Wahl neu zu treffen. Wenn eine Beziehung aufgrund von falschen Beziehungsparametern in die Krise gerät, dann kann es eine gute Idee sein, gemeinsam zu prüfen, ob das Modell verändert werden kann, anstatt zu früh die Beziehung zu beenden und den Partner oder die Partnerin zu wechseln. Das könnte so mancher festgefahrenen Beziehung zu neuem Schwung verhelfen.

Einsicht 1: Alles ist verhandelbar

Die Monogamie selbst ist ein Spektrum. Nichts darin muss auf eine bestimmte Weise sein oder kann niemals anders sein. Du darfst alles fühlen und ersehnen und dich mit deinem Gegenüber darüber austauschen. Lass dich auch von anfänglichem Widerstand nicht abhalten, deine eigene Form zu suchen. Jede Prämisse, jede Grundannahme ist hinterfragbar und neu verhandelbar. Beziehungsregeln dürfen sich wandeln. Fang da an, wo du einen Veränderungswunsch spürst. Das kann in der Sexualität sein, das kann aber auch in der Art und Weise sein, wie ihr euch im Alltag begegnet, wie ihr miteinander sprecht, wie ihr euch anschaut, was ihr übereinander denkt. Das, was ihr euch gegenseitig erlaubt oder verwehrt, ist alles eine Frage der Aushandlung. Gib dich nicht zufrieden, wenn du nicht zufrieden bist.

Einsicht 2: Kommunikation ist Trumpf

Deine Kommunikation entscheidet darüber, ob du dich in deiner Partnerschaft glücklich fühlst oder nicht, ob du dich verstanden fühlst, ob du dich gemocht und unterstützt fühlst. All das findest du nur heraus, wenn Kommunikation gelingt. Wenn du nachvollziehen kannst, wie dein Gegenüber denkt und fühlt. Es kann nicht zu viel Kommunikation geben. Was es allerdings geben kann, ist misslungene Kommunikation. Wenn wir etwas von polyamoren Beziehungserfahrungen lernen können, dann, wie sehr es hilft, wenn alle an den eigenen Kommunikationsfähigkeiten arbeiten.

Einsicht 3: Persönlichkeitsentwicklung als Mittel gegen Langeweile

Eng daran geknüpft ist deine Entwicklung und Reifung als ganzer Mensch. Du bist nie fertig. Du kannst immer wieder Neues in dir entdecken und dazulernen. Veränderung und Wandel sind zwar zuweilen mühsam, aber eines wird dein Leben nicht sein: langweilig. Wenn Langeweile dein Thema ist, dann fang an, die richtigen Fragen zu stellen. Erfülle dir deine Träume und hör auf, auf irgendetwas zu warten. Fang an zu handeln, zu lernen, zu erschaffen. Sag, was du erleben möchtest, wo du hinwillst, wer du sein möchtest. Übernimm die Verantwortung für dein Leben – und Langeweile wird nicht mehr dein Thema sein.

Einsicht 4: Alles mit einem ist zu viel und zu wenig zugleich

Wenn du alle Wünsche deines Partners oder deiner Partnerin erfüllen willst, dann bist du schwer beschäftigt. Wenn die ganze emotionale Last auf dir ruht, wenn du der einzige

Ansprechpartner bist, wenn du für alles zuständig bist, dann überfordert dich das und deine Beziehung möglicherweise. Gleichzeitig bedeutet es eine Verarmung, denn die Überlastung reduziert Impulse, Sichtweisen und Inspirationen. Polyamore Beziehungen zeigen deutlich, wie es beflügeln kann, wenn mehr Begegnung, mehr Erkundung und mehr Bewegung sein dürfen. Vielfalt und Lebendigkeit fördern dein Wachstum und sind damit Quelle für Glück und Lebenssinn.

Einsicht 5: Liebe wächst, wenn du sie teilst

Liebe ist eine individuelle Fähigkeit. Liebe hast du nicht, Liebe machst du. Sie entspringt deinem Verhalten. Sie entsteht durch deine Gedanken und deine Handlungen und du kannst sie auf Menschen, Tiere, Dinge oder Tätigkeiten richten. Liebe ist nicht etwas, das von außen kommt und sich nur auf den einen Herzensmenschen beziehen kann. Wenn du deine Liebesfähigkeit als etwas entdeckst, das von dir ausgeht, dann kannst du sie ausweiten und in die Welt hinaustragen. Und dann ist es möglich, mehrere Menschen gleichzeitig zu lieben, wenn du das so in dir fühlst.

Einsicht 6: Die Leichtigkeit der Verliebtheit nutzen

Den frisch verliebten und jungen Paaren möchte ich unbedingt ans Herz legen: Sprecht über dieses Thema, am besten gleich am Anfang, denn in der Zeit der Verliebtheit lässt sich vieles leichter sagen. Ihr könnt euch für die Monogamie entscheiden, aber sprecht darüber, wie ihr verfahren wollt, wenn ihr merkt, dass sich Bedürfnisse ändern. Früher oder später wird euch das Thema vermutlich einholen und deshalb bereitet euch vor, solange ihr glücklich seid. Danach bemüht euch um die Beziehung, trainiert eure emotionale

Intelligenz und findet heraus, was eure Liebe auf Dauer von euch braucht.

Einsicht 7: Bedürfniskonflikte wahrnehmen und lösen

Die meisten Konflikte in Partnerschaften entstehen aufgrund einander widersprechender Bedürfnisse. Der eine will früh schlafen gehen, der andere spät. Die eine will Aktion und Party, der andere sucht Ruhe. Bedürfnisse an sich sind immer in Ordnung. Keines der Bedürfnisse ist per Definition wichtiger als ein anderes. Es ist eure Aufgabe, für alle Bedürfnisse Räume zu suchen. Auch was das betrifft, können monogame Paare vom Erfahrungsschatz der Polyamorie lernen – denn Polyamore sind gezwungen, konstruktive Aushandlungsprozesse zu kultivieren.

Einsicht 8: Bedürfnisbefriedigung aktiv ermöglichen

Egal, in welchem Beziehungsmodell du gerade lebst, ihr werdet immer vor der Aufgabe stehen, dass ihr für eure Bedürfnisse Räume finden müsst. Es kann sein, dass sich Bedürfnisse nicht sofort erfüllen lassen. Manchmal braucht es kleine Zwischenschritte. Es kann auch sein, dass ein Bedürfnis gar nicht erfüllt werden kann. Dann ist es trotzdem wichtig, darüber zu sprechen, damit es nicht unbemerkt euer Leben beeinflusst. Setz dich so bald wie möglich mit deinem Liebesmenschen hin und nehmt euch die Erkundung eines bislang unbefriedigten Bedürfnisses vor: Dazu formulierst du ein Bedürfnis. Dein Gegenüber wiederholt das Bedürfnis in eigenen Worten – so lange, bis du spürst, dass genau dein Bedürfnis beschrieben ist. Schreibe es nun in einem Satz auf. Spürt danach beide in euch hinein und benennt die Widerstände, die dadurch geweckt werden. Schreib die Widerstände in einfachen klaren Sätzen auf. Überlege: Was brauche ich, um dir dein Bedürfnis erfüllen zu können? Was brauche ich, um mir mein Bedürfnis erfüllen zu können? Zum Schluss vereinbart ihr eine konkrete Handlung, um den Weg zu ebnen, dem benannten Bedürfnis Raum zu geben.

Einsicht 9: Liebe und Lust sind lernbar

Du kannst jederzeit damit beginnen, deine Bedürfnisse neu zu entdecken. Du kannst jederzeit anfangen, verborgene Wünsche zu erkennen. Du kannst jederzeit anfangen, neue emotionale Fähigkeiten zu entwickeln. Liebe ist wie Musizieren. Du kannst dir einen Lehrer suchen, Grundtechniken erlernen und dann heißt es: üben, üben, üben. Erweitere dein Repertoire, lerne zu komponieren und der Musik deinen ganz persönlichen Ausdruck zu verleihen. Niemand liebt so wie du. Und nur du kannst geben, was du geben kannst. Mach dir diese Einmaligkeit bewusst. Und dann nutze deine Gaben und Talente. Mach was draus und erfreue dich daran.

So gelingt glückliches Zusammenlieben

Herzlichen Glückwunsch, du bist am Ende dieses Buchs angelangt. Ich hoffe, du fühlst dich reichlich inspiriert, ermutigt und hast Lust bekommen auf tiefe Begegnung und Erfüllung, auf echtes Leben im Hier und Jetzt. Ich sehe dich, liebe Leserin, lieber Leser, in Gedanken vor mir und stelle mir vor, dass du dich gleich auf den Weg ins Land deiner Träume machst, deinen Rucksack vollgepackt mit wertvollen Ideen und neuen Vorsätzen. Ich muss mich bald von dir verabschieden, aber bevor ich das tue, möchte ich noch einmal die Essenz zusammenfassen. Wie geht das nun mit dem glücklichen Zusammenlieben?

Mir ist wichtig, dass du verstehst: Liebe ist nicht einfach da und bleibt für immer. Sie erfordert dein Handeln, dein Tun, deine persönliche Weiterentwicklung und deine Willenskraft. Lieben ist eine Entscheidung. Oder mit dem Philosophen Erich Fromm gesprochen: Liebe ist Geben, ohne etwas dafür zu erwarten. Es ist nicht das passive Empfangen, es ist das aktive Zugehen auf die Welt.

Gerade dann, wenn die Beziehung kriselt, braucht es deine aktive Zuwendung. Ob ein Paar glücklich ist und bleibt, hängt davon ab, ob es gelingt, dass sich beide immer wieder positiv und ehrlich zueinander hinwenden. Ob sie sich gegenseitig Liebesgeschenke machen. Eine Beziehung hält dann, wenn ein Paar es schafft, dass die positiven Gefühle und Gedanken immer wieder die negativen überwiegen. Und das gelingt durch viele kleine Handlungen im Alltag, die du sofort umsetzen kannst. Alles, was »Du bist mir wichtig« ausdrückt, ist gut.

Mach dir bitte immer bewusst: Wer sich öffnet, macht sich verletzlich. Wir sind dann besonders auf gegenseitigen Schutz angewiesen. Ja, und es braucht deine Bindungsbereitschaft für deine Beziehung, damit du die Muße, die Zeit und Energie in diese Beziehung stecken kannst, die es braucht, um gegenseitige Einfühlung und Abstimmung herzustellen.

Wenn ich etwas verändern will, dann brauche ich Vertrauen, dass die Beziehung robust ist und etwas aushält. Vertrauen ist die Kraft, die uns dabei hilft, mit Unsicherheit und Verwundbarkeit umzugehen. Ich möchte an dieser Stelle nochmals auf eine wichtige Botschaft von Esther Perel eingehen. Sie sagt: »Wenn wir uns damit abfinden, dass wir die Sicherheit, nach der wir uns sehnen, nie bekommen können, dann können wir einen neuen Vertrauensbegriff verwenden. Vertrauen ist ein als Versprechen getarntes Risiko.«

Ja, ich nehme das Risiko. Ich verspreche mir selbst, dass

ich mit diesem Risiko umgehen kann. Und dass auch der andere sorgsam mit dem Risiko umgeht – und achtsam ist. Und deshalb vertraue ich. Anstatt die Augen davor zu verschließen, dass die Begierde, die Langeweile, die Sprachlosigkeit oder die Konfliktscheue mich oder meinen Liebsten oder meine Liebste in die Fremde ziehen könnten, untergrabe ich die Macht dieser Verlockung dadurch, dass ich sie mit offenen Armen empfange. Dass ich dem Tiger direkt in die Augen schaue.

Natürlich brauche ich dafür Selbstvertrauen. Ich darf meinen eigenen unabhängigen Standpunkt kennen und akzeptieren, dass sowohl ich als auch mein Partner oder meine Partnerin eine erotische Individualität besitzt. Wir können uns einander freiwillig schenken, aber wir sind niemals die Quelle der Lust, niemals können wir Besitz ergreifen.

Ich brauche ein Bewusstsein für die Verletzlichkeit der Liebe. Auch die größte Liebe ist verletzbar, egal in welchem Liebesmodell. Liebe braucht Pflege und Zuwendung. Jedes Paar sollte so früh wie möglich die eigenen Pfeiler der Couple-Care einschlagen und zeitlebens daran bauen. Schaut immer wieder hin, was ihr braucht, um euch miteinander wohl und lebendig zu fühlen.

Ich kann Lebendigkeit in der Beziehung nur erhalten, wenn ich die Beziehung in Gefahr bringe, wenn ich sie riskiere. Und wenn ich dann immer wieder neu entscheide, dass ich die Bindung zu meinem Gegenüber möchte. Ich habe keine Kontrolle darüber, ob sich mein Partner oder meine Partnerin auch so entscheidet. Deshalb ist Liebe ein Geschenk, und deshalb ist sie ein Kind der Freiheit.

Paare, die frei und offen über ihre Begierden und Träume sprechen, auch wenn sich diese nicht immer nur aufeinander beziehen, kommen sich paradoxerweise näher und führen stabilere Liebesbeziehungen. Wenn du dich ernsthaft auf das Abenteuer Offenheit in der Liebe einlässt, dann findest du einen riesigen Schatz aus Impulsen für deine emotionale Entwicklung und deine Reifung als Mensch.

Und eines ist klar: Du bist einzigartig. Deine Beziehung ist einzigartig. Lass dich nicht von irgendwelchen Konzepten, Modellen oder Idealen in eine Schublade stecken. Überbewerte bestimmte Konzepte nicht, ob monogam oder polyamor. Jeder darf seinen eigenen Weg damit finden. Einzig und allein du bist der Maßstab für dein Modell.

Mein Vorschlag ist, dass wir behutsam das Monogamiekonzept erweitern, ohne es komplett zu zerstören. Denn im Kern geht es der Monogamie auch um Verlässlichkeit, um Loyalität, um Verbindung. Stell dir mal vor, du würdest sagen: »Ich bin absolut glücklich in meiner Beziehung. Ich bekomme alles, was ich brauche. Ich kann mich immer, wenn ich es brauche, mit anderen verbinden und meine Bedürfnisse werden verstanden und respektiert.« Wenn du dich so fühlen würdest, könntest du dann deiner Partnerin oder deinem Partner zugestehen, sich in andere freudvolle Begegnungen zu begeben, sich dort zu spüren, sich zu genießen und anschließend fröhlich in deine Arme zurückzukehren? Wie wäre das für dich?

Es geht immer um die Qualität deiner Beziehungen. Qualität erkennst du daran, dass du und deine Liebesmenschen eure Träume verwirklichen könnt. Liebe entsteht, wenn du liebevoll handelst, wenn du etwas willst, wenn du Ja sagst, wenn du dich dir selbst und anderen gegenüber öffnest. Und ganz ehrlich, wer immer denkt, es gäbe auf dem Partnermarkt vielleicht noch etwas Besseres, dem möchte ich sagen: Du kannst mit jedem, der sich dir öffnet und dem du dich öffnest, die höchsten Höhen erklimmen. Trau dich, dich festzulegen, dich zu verbinden – und dann sei mutig. Sag, was du fühlst. Mach dich berührbar, gib und nimm, zeig dich mit deinen Grenzen. Sei frei und eigensinnig, deinem ganz eigenen Sinn entspringend – so ist die offene Liebe, wenn sie fließen darf.

Anhang

Danksagung

Ich bin dankbar für so viel Liebe, die ich in meinem Leben empfangen durfte. Angefangen bei meinen beiden wunderbaren Eltern. Meiner Mutter verdanke ich meinen pragmatischen und lebensfrohen Optimismus, meinem Vater die Liebe zum Verstehen. Meinen drei Schwestern und meiner Stiefmutter verdanke ich die Erfahrung von Gemeinschaft und Solidarität.

Ohne all meine Freundinnen und Freude, ohne all die vielen Gefährtinnen und Gefährten auf den verschlungenen Wegen meines Lebens wäre dieses Buch niemals entstanden. Insofern geht mein Dank an alle Menschen, die Teil meiner persönlichen Erfahrung hier auf Erden sind.

Einige dieser Menschen will ich explizit erwähnen. Allen voran danke ich meinem Ehemann Nils Simon, der mit mir seit 18 Jahren die Vielfalt der Liebe erforscht, durchleidet und mit mir die höchsten Gipfel erklimmt. Ich kann mir keinen besseren Mann an meiner Seite vorstellen.

Ich danke auch meiner langjährigen Therapeutin und Lehrerin Dr. Irmgard Hülsemann und ihrem viel zu früh verstorbenen Lebensgefährten Dr. Dr. Wilfried Wieck. Der Kontakt zu den beiden bedeutet mir unendlich viel und wird mich für immer begleiten.

Und was wäre ich ohne die sexpositive Szene, ohne all die Menschen, die ihre Sexualität und ihre Beziehungsformen mutig erforschen, die nach Freiheit *und* nach Bindung suchen? Ich danke insbesondere meiner Freundin Beatrix Roidinger und meinen Freunden Markus Parnow und Ottokar Lehrner für ihre Pionierarbeit.

Auch gäbe es Couple Care nicht ohne meine vielen Klientinnen und Klienten. Ich bin dankbar und immer wieder tief bewegt über eure Offenheit, eure Bereitschaft für Veränderung und Entwicklung. Nichts erfüllt mich mehr mit Sinn als diese Erfahrung, und mit euch zusammen das Leben und die Liebe zu ergründen.

Danken will ich auch Veit Lindau und Ulrich Clement dafür, dass sie etwas Einzigartiges in mir sehen und mich auf meinem Weg unterstützen.

Last, but not least: Ohne ein fanatisches Lektorat ist eine Autorin aufgeschmissen, und daher gilt mein herzlicher Dank Maria Schlager und Magda Werderits für ihre feinfühlige Begleitung und kluge Reflexion. Ich freue mich schon auf neue Abenteuer im Reich der Bücher.

Aino Simon
Berlin, 19. 07. 2021

Quellenverzeichnis

Ahlers, Christoph Joseph: Vom Himmel auf Erden. Was Sexualität für uns bedeutet. Goldmann 2015

Barinberg, Inna: Mehr ist mehr. Meine Erfahrungen mit Polyamorie. edition assemblage 2020

Bergner, Daniel: Die versteckte Lust der Frauen. Ein Forschungsbericht. Knaus 2014

Chapman, Gary: Die 5 Sprachen der Liebe. Wie Kommunikation in der Partnerschaft gelingt. Verlag der Franck-Buchhandlung GmbH 1994

Clement, Ulrich: Guter Sex trotz Liebe. Wege aus der verkehrsberuhigten Zone. Ullstein 2016

Clement, Ulrich: Wenn Liebe fremdgeht. Vom richtigen Umgang mit Affären. Ullstein 2010

Clement, Ulrich: Systemische Sexualtherapie. Klett-Cotta 2014

Easton, Dossie und Janet W. Hardy: Schlampen mit Moral. Warum es an der Zeit ist, Sex und Liebe neu zu denken – wie Polyamorie, offene Beziehungen und andere Abenteuer gelingen können. mvg Verlag 2020

Gottman, John und Nan Silver: Die Vermessung der Liebe. Vertrauen und Betrug in Paarbeziehungen. Klett-Cotta 2012

Gottman, John: Die 7 Geheimnisse der glücklichen Ehe. Ullstein 2014

Fromm, Erich: Die Kunst des Liebens. Ullstein 1983

Henning, Ann-Marlene: Make More Love. Ein Aufklärungsbuch für Erwachsene. Rogner & Bernhard 2014

Hülsemann, Irmgard und Wilfried Wieck: Die geheimen Verbote. Moralische Konflikte in der Therapie. Kreuz Verlag 1989

Hülsemann, Irmgard: Mit Lust und Eigensinn. Die weibliche Eroberung des Glücks. Fischer 1994

Ihlefeldt, Felix: Wenn man mehr als einen liebt. Polyamorie und andere Formen, Beziehungen freier zu gestalten – Frauen und Männer erzählen. Schwarzkopf & Schwarzkopf 2008

Illouz, Eva: Warum Liebe weh tut. Suhrkamp 2016

Kehlet Lins, Karina: Sprechen über Sex. Carl-Auer 2020

Kuntze, Holger: Lieben heißt wollen. Kösel 2018
Lendt, Holger und Lisa Fischbach: Treue ist auch keine Lösung. Ein Plädoyer für mehr Freiheit in der Liebe. Piper 2014
Moeller, Micheal Lukas: Die Wahrheit beginnt zu zweit. Das Paar im Gespräch. Rowohlt Verlag 1992
Nagoski, Emily: Komm, wie du willst. Das neue Frauen-Sex-Buch. Knaur 2015
Perel, Esther: Die Macht der Affäre. Warum wir betrügen und was wir daraus lernen können. HarperCollins 2017
Perel, Esther: Die Rückkehr der Erotik in die Liebe. Piper 2008
Roidinger, Beatrix und Barbara Zuschnig: Sexpositiv. Intimität und Beziehung neu verhandelt. Goldegg 2020
Rosenberg, Marshall: Gewaltfreie Kommunikation – Eine Sprache des Lebens. Jungfermann 2001
Russell, Bertrand: Eroberung des Glücks. Neue Wege zu einer besseren Lebensgestaltung. Suhrkamp 1977
Scheuermann, Ulrike: Self-Care. Du bist wertvoll. Knaur 2019
Schnarch, David: Die Psychologie sexueller Leidenschaft. Klett-Cotta 1997
Simon, Aino: Sex dich frei – Der neue Liebestrend. Was du schon immer über Polyamorie wissen wolltest, Hörbuch, Lynen Media GmbH 2020
Stahl, Stefanie: Das Kind in dir muss Heimat finden. Der Schlüssel zur Lösung (fast) aller Probleme. Kailash 2015
Stahl, Stefanie: Jeder ist beziehungsfähig. Der goldene Weg zwischen Freiheit und Nähe. Kailash 2017
Stephani, Ilan: Lieb und teuer. Was ich im Puff über das Leben gelernt habe. Ecowin Verlag 2017
Wieck, Wilfried: Männer lassen lieben. Die Sucht nach der Frau. Fischer 1990
Willi, Jürg: Psychologie der Liebe. Persönliche Entwicklung durch Partnerbeziehungen. Klett-Cotta 2002
Woodward Thomas, Katherine: Lass uns in Frieden auseinandergehen. Wenn die Liebe endet … Die 5 Schritte des »Conscious Uncoupling«. Integral 2016